태화강 물은 한 번도
흐른 적이 없다

행복한 아침을 여는 지혜의 문

태화강 물은 한 번도 흐른 적이 없다

혜암 김상복 선생 법문집

박은경 엮음

바른북스

추천의 글

　어느 스님이 운문화상에게 물었다.
　"어떤 것이 부처를 초월하고 조사를 초월하는 말입니까?"
　그러자 운문화상은 즉시
　"호떡!"
　하고 대답했다.

　배고프면 밥을 먹고 졸리면 자는 게 전부라 했던 선지식들의 단순한 가르침이 세월이 가면서 복잡한 교리와 형이상학적인 원리로 체계화되고 신비화되어 헤어날 수 없는 미로가 되어버린 지 오래다. 달을 가리켰는데 손가락이 더 중요해져 버린 것이다.
　과학 기술의 힘이 세상을 지배하는 동안 사람들의 욕망이나 고통은 점점 다양해지고 복잡해져 왔다. 이러한 역동적인 과정에서 종교는 인간이 삶이라는 무대에서 어떻게 성장하고 깨달음을 얻어야 하는지 전혀 답을 내리지 못한 채, 오히려 세태의 흐름에 점점 예속되어 온 느낌을 지울 수 없다.

  시대를 제대로 수용하지도 못하고, 통철한 반성도 없이 불교 역시 자유와 해탈이라는 궁극의 목적을 상실한 채 온갖 방편에 안주해 온 것이 사실이다. 강을 건너야 뗏목을 버릴 텐데 건너질 못하니 뗏목에서 내릴 수가 없었던 것이다.

  산중에서 늘 들리던 큰스님들의 사자후도, 그 법문을 놓칠세라 끊임없이 오가던 공부인들의 모습도 이젠 호랑이 담배 피우던 시절의 이야기다.

  실시간으로 구석구석 세상을 다 볼 수 있는 이 시절, 종교인들이 어정쩡하게 망설이는 사이 세상 사람들은 함께 진화하면서 열심히 삶의 진실을 찾고 있다. 시공을 초월해 무한 경계를 넘나드는 스마트폰의 세상 안에서 선지자를 향한 그리움, 깨달음에 대한 갈증은 인도에서 들불처럼 일어났던 대승불교 운동을 연상하리만치 열기가 뜨겁다.

  몇 년 전 코로나로 인해 절집이 그야말로 세상과 단절

되어 가고 있을 때였다. 그나마 시대를 읽고 계시는 스님들이 계셔서 다행이라는 생각을 하며 유튜브 법문을 뒤적이는 사이사이에 재가 법사님들의 법문이 알고리즘으로 계속 올라왔다. 별다른 감응 없이 지나치다가 우연히 눈에 띄는 법문이 있었다.

〈우주 전체가 바로 나다〉라는 혜암 선생의 법문이었다.

듣자마자 눈을 뗄 수가 없었다. 출가수행을 하면서 어디에서도 듣지 못했던 직지 법문이었다. 마치 뭔가에 홀린 듯 삼백여 편이 넘는 법문을 단숨에 듣고 쾌재를 불렀다. 기약 없이 떠났던 고향 집에 밥은 이미 뜸이 다 들어 있었다.

선생의 법문은 '호떡' 법문만큼이나 독보적이고 명쾌했다. 특히나 사람의 마음을 꿰뚫어 보며 그 자리에서 바로 합일의 경지로 끌어들이는 능력은 탁월했다. 역대 선지식들을 총망라해도 공부인을 접하는 이러한 방식은 찾아보기 힘들다.

그렇게 우뚝하면서도 선생의 법문은 전혀 어렵지 않고 누구에게나 친근하게 다가간다. 보편적인 삶 속에서 진실을 끌어올렸고 현실에 깊숙이 뿌리를 내리고 있기 때문이다.

법문을 듣다 보면 어느새 관념적으로만 알고 있던 깨

달음 속으로 성큼 들어와 있음을 느낀다. 이러한 선지식을 만난다는 것은 그야말로 백천만겁 난조우다. '나'라는 상을 모두 내려놓은 진정한 무심도인의 삶을 엿볼 수 있는 것은 덤이다.

   옛말에 "삼 년을 배우느니보다 삼 년을 스승을 찾아 나서는 것이 낫다."라는 말이 있다. 선지식을 찾아 몇 날 며칠씩 걸망을 지고 산중을 헤매 다니지 않아도 되는 이 시절을 만난 것이 참으로 감사하다.

   진실은 바로 눈앞에 있다. 마음을 움직일 필요도 없고 매일 고행을 떠날 필요도 없다. 마음이란 내가 찾지 않을 때만 존재한다.

   혜암 선생님과 행복아침선의 도반님들을 만난 인연 복에 감사를 드린다. 잠자고 있는 마음, 마음들에 혜암 선생의 법문이 불꽃으로 일어나길 기대해 본다.

   어느 날 운문 선사께서 재를 지내고 나서 호떡을 한 입 깨물더니 말씀하셨다.

   "제석천왕의 콧구멍을 물어뜯었더니 제석이 '아야! 아야!' 하는구나."

— 2025년 봄 소림사 법천

이 책을 엮으면서

    음성 법문을 글로 옮기는 작업은 쉽지 않았다. 유튜브에 들어가 자막을 내려받았는데 40%는 우리 글이라고 볼 수 없는 외계 문자였다. 도저히 읽을 수도 뜻을 짐작할 수도 없었다. 무엇보다 마음공부가 부족한 게 가장 큰 어려움이었다. 거기다 선생님의 순박한 사투리까지 한몫했다. 직접 공부하면서 정리하는 수밖에 다른 지름길은 없었다.

    영상을 하나씩 듣고 내용의 핵심을 먼저 파악하고, 많은 예시를 중심으로 어떻게 내용이 전개되는지를 이해하려고 했다. 하지만 그것을 알아도 바로 문장으로 술술 나오는 것이 아니었다. 글은 말과 달라서, 구어체를 다시 문어체로 바꾸어 통일성 있는 소주제에 맞게 써 내려가는 일이 쉽지만은 않았다. 반복해서 들으며 2개월에 걸쳐 30여 개 법문을 정리하니 깨달음에 관한 전제적 윤곽을 그릴 수 있었다.

    깨달음이 무엇인가? 우선 이 명제를 놓고 자유롭게 생각을 펼쳤다. 그리고 왜 아직 깨닫지 못하는지에 대한 설득적 근거를 찾고 나를 새롭게 발견하는 생각의 흐름대로 목차를 구성했다. 300여 개의 법문 중에서 《우파니샤드》와 '라마나 마하리쉬'의 내용은 따로 분류하지 않았다. 우리의 일상 속으로 쉽게 접근하면서도 깊이를 더하는 선생님의 장쾌한 논리 위주로 전달하는 것이 이 책을 엮는 취지에 부합했기 때문이다.

정리를 하며 특히 유념했던 것이 있었다. 전달하고자 하는 뜻을 최대한 살리면서도 읽을 이들의 눈높이와 정서에 맞도록 하는 것이었다. 연령층을 특정할 수 없었지만 깨달음을 향한 같은 여정 속에 있다는 것만으로도 충분했다. 그래서 가능한 한 쉽게 풀어쓴 글과 문장으로 정리했고, 엮은이의 개입으로 인해 오히려 본뜻을 해치거나 독자 나름의 이해를 방해하지 않도록 했다. 다만, 혜암 선생님의 법문을 담아내기에 턱없이 부족한 재주라 모든 분께 양해를 부탁드린다.

법문 정리를 하는 내내 혜암 선생님은 얼굴도 모르는 우리에게, 오래전부터 축복의 말씀을 하고 계시는 듯했다.
"나는 처음부터 깨달아 있었다!"
이 메시지가 주는 오롯한 축복의 발견은 영혼의 전율로 다가왔다. 일 년여의 긴 여정을 회향하며 언제나 이 축복의 중심에 내가 존재한다는 것을 모두가 기억했으면 한다.

― 엮은이 박은경

목차

추천의 글
이 책을 엮으면서

깨달음이란 무엇인가?

어떻게 하면 깨달을 수 있을까?	16
《무문관》 제1칙 개에게도 불성이 있느냐?	19
《무문관》 제2칙 백장의 여우 노인	22
부처와 범부는 하나	25
깨달음도 없고 도(道)도 없다	28
윤회하는 이유 세 가지	32
지금의 삶이 첫 시작입니다	34
세상 만물은 나에게 의지해 있다	36
천상천하 유아독존	38
현존하라, 오직 지금뿐	40
이것이 있으므로 저것이 있다	42
보이는 것의 본질은 실재가 아니다	45
내가 존재임을 자각하라	48
이젠 나를 찾을 때가 되었다	50
삼라만상이 모두 법문이다	53
《반야심경》 나를 찾아 고통에서 벗어나는 안내서	56
깨달음이 나의 본성이다	58
나는 영원하다	60
내가 우주의 중심이다	62
오직 마음이요, 다른 법은 없다	64
《전등록》 병 속의 새를 꺼내다	67
우리가 경험하는 고통의 본질은 무엇인가?	70
육체의 고통은 없다	72
마음의 고통은 없는 것이다	75
이 마음이 곧 부처이며 부처가 곧 중생이다	80
참나를 알아야 고통에서 벗어난다	82
보는 자가 있어야 보이는 대상이 있다	86
이 몸은 참나의 그림자입니다	89
에고는 참나의 나타남입니다	91
살아 있는 이대로가 부처이다	93
나고 죽음이 열반이다	96
깨달음으로 가는 길, 본질은 같다	99
중도, 깨달음에 이르는 바른 견해	101

생각을 뒤집어라

생각의 틀을 깨야 한다	105
내 생각은 모두 틀렸다	108
내가 죽어도 세상이 남아 있을까?	110
사랑을 알고 결혼하나요?	112
내 자로 남을 재지 말라	115
극과 극은 같다	117
내 생각을 뒤집어라	120
내 생각은 무엇이 틀렸을까?	122
내가 착하다고 생각하는 것은 착각이다	125
좋지 않은 날이란 없다	127
혼자 여행을 떠나보라	129
한 번은 큰 것 한 번은 작은 것	131
모든 여성은 신이다	133
화를 잘 낸다면 욕심이 많은 것이다	135
무엇이 착하고 무엇이 나쁜가?	137
설악산 단풍은 왜 검은색일까?	139
잠들지 못하는 것은 집착이 많아서이다	142
우주적 양심과 세상적 양심의 차이	144
킬리만자로의 표범이 되자	146
내가 있는 당당한 삶을 살자	149
유일한 장애물은 내 마음이다	152
나를 찾는 것은 내 마음을 아는 것이다	154
나는 깨달음에 적합한 코드인가?	157
단순해져야 나를 찾아간다	159
나와 남이 하나인 줄 아는 것이 깨어남이다	161
궁극적 진리	164
칸트와 라마나 마하리쉬	167
왜 이것인가?	169
현재의 나는 누구인가?	171
죽음도 늙음도 멈출 수 없다	173
행복 때문에 고통스럽다	175
다른 생명이 죽어야 내가 산다	177
우주는 자랑하지 않는다	179
우주는 무자비다	181
당신은 초능력자입니다	184
불교에는 주어인 내가 빠져 있다	186

나는 처음부터 깨달아 있었다

왜 아직 깨닫지 못하는가?	190
나는 왜 아직 깨어나지 못하는가?	192
간장 먹고 짠맛 알면 부처이다	194
내가 있어야 우주가 있다	196
우리가 사는 것은 찰나뿐이다	198
왜 깨달아야 하는가?	201
깨달은 사람과 깨닫지 못한 사람의 차이	203
존재감이 바로 나	206
시간이란 없다	208
나는 처음부터 깨달아 있었다	210
부처가 눈앞에 나타나도 당당하라	212
오직 나 홀로뿐이다	214
업으로부터의 자유	217
깨달음을 얻으면 무엇이 달라질까?	219
내가 만든 세상, 이름 지어라	221
내 마음이라는 와이파이가 켜질 때 세상이 나타난다	223
내 스스로 나를 힘들게 한다	225
비움의 시작은 나를 내려놓는 것이다	227
나는 영원한 평화이다	230
죽음이란 없다	232
진정한 자유	234
참나는 너무 가까워서 알지 못한다	237
타인은 없고 오직 나만 있을 뿐이다	239
내가 존재한다는 이것만이 존재이다	242
태어남이 없고 죽음이 없으면 가운데 삶은 없는 것이다	244
매달린 절벽에서 한 손마저 놓아라	247
마음을 떠나 밖에서 깨달음을 구할 수는 없다	249
단순하게 통찰하라	251
우주적 진리, 다름이 평등	254
나타난 현상의 본질을 보는 습관을 가지세요	256
지혜로운 자만이 죽음을 고민한다	260

'나'의 발견

이 육체는 내가 아니다 · 264
내가 없으면 문제도 없다 · 267
생사여탈권이 나에게 있다 · 269
나는 무엇인가? · 271
'나'라는 생각은 무엇인가? · 274
나를 찾는 공부 · 277
나는 불멸이다 · 279
에고는 '나'가 아니다 · 282
본성은 있는 것인가? · 284
본성은 침묵이다 · 286
오직 나에게 몰입하라 · 288
나는 참자아의 꽃이다 · 290
깨달음은 축복이다 · 293
나는 스스로 존재한다 · 295
우주 전체가 나의 본성이다 · 297
우주 전체가 나다 · 299
우주는 때가 있다 · 302
죽음으로부터의 자유 · 304
나는 태어나기 전부터 있었다 · 307
참나는 객관화할 수 없다 · 309
현상계는 나에게서 나왔다 · 312
나와 이 세상은 허상이다 · 314
이 세상이 꿈과 다르지 않다 · 316
이 순간 존재함이 기쁨이다 · 318
나는 언제나 깨달아 있다 · 320
나와 동떨어진 개체는 없다 · 322
지금 이대로가 해탈이다 · 324
참나는 공이다 · 327
내가 존재함은 축복이다 · 329
모든 것을 받아들일 때 고통에서 벗어난다 · 331
우주는 나를 위해 맞추어졌다 · 333
지금 이대로가 완전한 행복이다 · 336
나는 위대한 존재입니다 · 338
나를 찾아가는 CCTV 명상법 · 341
현대인에게 맞는 화두 "나는 우주의 시작이요, 끝이며 중심이다" · 343

깨달음이란 무엇인가?

어떻게 하면 깨달을 수 있을까?

 사람들은 누구나 깨달음을 얻고 싶어 한다. 지금 힘들고 고통스러운 삶을 벗어나게 해주리라는 막연한 기대 때문이다. 그러나 정작 깨달음이 무엇인가? 하고 물으면 제대로 대답하는 사람이 없다. 과연 깨달음이란 무엇이며 또 그것을 어떻게 얻을 수 있을까?

 깨달음이란 지금 '나'라고 여기는 이 몸과 마음이 진짜 '나'가 아님을 아는 것이다.

 우리가 '나'라고 생각하는 이 육체는 마음이 없으면 나무토막과 같다. 마음이 없으면 눈이 있어도 보지 못하고, 코가 있어도 냄새를 맡지 못하고, 손끝으로 만져도 감각을 느낄 수 없다. 육체는 마음과 같이 접목되었을 때 좋다, 나쁘다, 밉다, 싫다 하는 온갖 생각이 든다. 육체는 마음 없이는 안 된다. 수시로 변하는 이 마음을 에고라 한다.

 그런데 이 마음은 본성이 없으면 작동하지 못한다. 마음을 살아 움직이게 하는 근원인 본성이 없으면, 우리는 꿈을 꿀 수 없고 잠도 잘 수 없고 이 현상계에 살아갈 수가 없다. 따라서 본성이 나의 본래면목이다. 마음은 일시적으로 나타났다가 사라지지만 본성은 영원하다. 그래서 불교에서는 무아(無我)를 말한다. 내 본래 모습이 본성인 줄 모르고 지금의 이 몸과 마음이 '나'라고 하면 깨닫지 못한 중생이라고 한다.

우리는 본성을 알고는 있지만 볼 수 없다. 모든 현상계는 본성의 나타남이다. 안경집, 칠판, 자동차, 나무 모두가 본성의 나타남이다. 본성 아닌 것이 없다. 지금 내가 나타나는 것도, 존재하는 것도 본성의 나타남이지만 지금은 중간에 에고라는 것이 나타나서 '나 잘났다.' 하고 떠드는 것이다. 사실 에고는 본성의 작용으로 나타나는 것이기에 깨닫고 나면 본성이다.

본성은 이 전체에 침묵으로 가만히 있다. 본성은 한마디도 한 적이 없다. 꿈도 없는 잠에 들면 나는 세상을 볼 수 없다. 나라는 마음도 없다. 그렇지만 나는 죽지 않고 존재한다. 그 자리가 본성이다. 걱정, 근심 없는 아주 평화로움만 남은 상태이다.

이 본성은 우주가 나타나기 전에도 있었고 우주가 통째로 사라진다고 해도 사라지지 않는다. 이 본성이 진짜 나임을 아는 것이 깨달음이다.

그렇다면 어떻게 해야 깨달을 수 있을까? 우리는 깨달음이 엄청난 수행을 하거나 마음을 비워야 하는 줄 알지만 그렇지 않다. 옛 선사들은 깨닫는 것이 세수하다 코 만지는 것보다 쉽다고 했다. 이미 다 깨달아 있다. 누구도 깨달음을 피해 갈 수는 없다.

깨닫고 보면 지금 내가 가지고 있는 욕망, 고통, 질투 등도 모두 깨달음이다. 쩨쩨하고, 신경질적이고, 미워하는 것 모두가 깨달은 상태의 모습이다. 지금 이대로가 바로 깨달음이다.

우리는 내 마음이 머리나 가슴, 또는 내 안의 다른 곳에 있는 줄 알지만 아니다. 마음은 안과 밖의 구분도 없는 이 전체이다. 이 전체가 다 내 마음이다. 내가 바로 깨달음이다.

《무문관》 제1칙
개에게도 불성이 있느냐?

"개에게도 불성이 있습니까?"
"없다."

이것은 중국 최고의 선승인 조주 스님의 무(無)자 화두이다. 화두는 깨치고 보면 아무것도 아닌데, 깨치기 전에는 돌아버릴 만큼 알쏭달쏭한 것이다. '이 세상 모든 것이 불성이 있다고 했는데 왜 개에게는 없다고 했지?' 우리는 이런 의문을 품으며 없다는 말에 골똘해진다. 그런데 있다, 없다는 것은 같은 말이다. 모든 화두는 아무런 뜻이 없다.

화두는 깨치고 나면 개체로서의 나는 없고 전체가 나인 줄 알게 된다. 전체가 나인 줄 아는 그것이 깨달음이다. 모든 만물이 같은 하나로서 이 세상에 존재한다는 것을 알 수 있다.

내가 기존에 가지고 있는 사고를 다르게 하는 것이 화두를 깨치는 전 단계이다. 스스로 그렇게 바뀔 때 우리는 생각 이전의 자리를 찾아갈 수 있다.

조선의 선비들은 두 임금을 섬기지 않는다는 불사이군(不事二君)을 가장 큰 처세의 덕목으로 삼았다. 왕들이 충절이란 이름으로 신하들을 세뇌한 결과였지만, 그들은 그것이 진리인 줄 알았다. 지금은 대통령이 바뀌었다고 관직을 버리고 떠나는 사람을 볼 수 없다. 도덕적 가치는 시대마다 문화마다 다른 모습을 보인다.

우리는 나이를 일 년에 한 살씩 센다. 만약 삼 년에 한 살씩 세는 것으로 정했으면 그렇게 되는 것이다. 삼 년에 한 살씩 나이를 세면 일 년에 한 살씩 세는 것은 틀린 것이다. 그렇게 보면 2024년이란 시간 개념도 틀린 줄 알아야 한다. 만약 2,500년 전부터 서기를 정했으면 지금이 2024년이 될 수 없다. 그 개념들은 오래전 우리가 약속한 것이지 변함없는 진리가 아닌 줄 알아야 한다.

또한 우리는 남성, 여성의 구분이 진리인 줄 안다. 그것 역시 보편적인 교육을 통해 남자는 이렇고 여자는 저렇고 하면서 구분과 경계를 지었을 뿐이다. 본질에서 보면 남성이라는 것도, 여성이라는 것도 없다.

해가 동쪽에서 떠서 서쪽으로 진다는 것 역시 마찬가지이다. 우리는 이것이 틀리면 큰일 나는 줄 안다. 그런데 남극과 북극에서는 동서 개념이 없다. 지구의 축이 위아래로 회전하면서 방향이 애매모호하다. 따라서 우리가 동쪽에서 서쪽으로 해가 움직인다고 생각하는 것은 진리가 아니다.

길고 짧은 것 또한 마찬가지이다. 누구나 연필은 지우개보다 길다고 생각한다. 그것이 고정관념이다. 연필은 전봇대에 비하면 짧다. 우린 길고 짧음이 진리로 있는 줄 안다. 이 우주에 길다 짧다 하는 개념은 없다.

"당신은 누구입니까?" 이렇게 누군가 물으면, 당당히 이름부터 말하는 우리는 내 이름이 진리인 줄 안다. 누군가 내 이름을 다르게 부르면 큰일 나는 줄 안다. 그런데 태어났을 때 이름을 그렇게 지었을 뿐, 다른 이름을 얼마든지 쓸 수 있다.

사람은 다른 동물들을 잡아먹는 것을 당연하게 여긴다. 오래전부터 그렇게 살아왔고, 또 그것이 세상의 보편적인 생각이다. 그런데 상어가 사람을 잡아먹으면 세계에서 난리가 난다. 상어가 사람을 잡아먹었다고. 사람은 매년 상어를 수억 마리 잡아먹는다. 상어도 사람도 똑같은 자연인데 왜 사람은 면죄부를 받는가?

이렇게 그동안 우리가 당연히 여기던 것을 틀렸다고 의심하고 관점을 달리해야 화두를 깨칠 수 있다. 화두를 깨치는 방법은 화두를 설명한다고 되는 것이 아니고, 오직 탐구자 스스로 깨쳐야 한다.

《무문관》 제2칙
백장의 여우 노인

백장 선사가 법당에서 설법할 때의 이야기이다. 한 노인이 늘 제자들 사이에 끼여 설법을 듣다가 대중들이 물러가면 그 역시 사라지곤 했다. 하루는 백장 선사가 노인을 불러 물었다.

"그대는 누구시오?"

노인이 대답했다.

"저는 먼 옛날 가섭불이 계실 때에 이 산에 있었습니다. 그 당시 어떤 학인이 '큰 수행을 하는 사람도 인과(因果)에 빠지는지요?'라고 물었지요. 그래서 저는 '불락인과(不落因果 인과에 빠지지 않는다)'라고 답했습니다. 이렇게 대답한 죄로 저는 오백 생을 여우의 몸을 받았습니다. 바라건대 스님께서 저를 대신해 심기를 일전하는 말을 내려주시어 제 여우의 탈을 벗겨주십시오."

백장 선사가 대답해 주었다.

"불매인과(不昧因果 인과에 어둡지 않다)"

그러자 노인이 크게 깨달아 절을 하고는 말했다.

"저는 이제 여우의 몸에서 벗어났습니다. 제가 벗어버린 여우의 몸이 산 뒤에 있을 것입니다. 죽은 스님의 예로 장례를 치러주십시오."

식후에 백장 선사가 대중을 데리고 산 뒤 바위 아래에 이르러 지팡이로 죽은 여우를 끄집어내어 화장하였다.

백장 선사가 저녁에 법당에 나와 위의 인연을 이야기하였다. 이때 황벽 스님이 일어나서 말하였다.

"고인(古人)이 잘못 대답하여 오백 생 동안 여우의 몸이 되었는데, 만약 잘못 대답하지 않았다면 어떻게 되었겠습니까?"

백장 선사가 말하였다.

"앞으로 가까이 오라. 그대를 위해 가르쳐 주리라."

그러자 황벽 스님은 가까이 다가가자마자 스승인 백장 선사의 뺨을 한 대 후려쳤다. 백장 선사가 박수를 치고 웃으며 말하였다.

"과연 그렇구나. 오랑캐의 수염은 붉다더니 붉은 수염 오랑캐가 있구나."

깨달음이란 하나에서 전체가 나왔다는 이치를 아는 것이다. 전체 속에 내가 있다. 즉, 그 하나로 인해 상대가 나와 같은 줄을 알면 깨달은 것이다. 이 화두에서 대답한 불락인과(不落因果), 불매인과(不昧因果)는 아무런 뜻이 없다.

아무리 오랫동안 수행해도 깨닫지 못하면 누구나 인과에 떨어진다. 깨달으면 삼라만상이 한 번도 일어난 적이 없다. 나는 세상을 산 적이 없다. 그래서 윤회는 존재하지 않는다. 현상계는 실재가 아닌 꿈과 같아서 걱정도, 절망도 본인이 만든 생각이다. 윤회도 내가 만든 생각이다.

깨닫기 전에는 산은 산이고 물은 물인데 깨닫고 나면 산도 아니고 물도 아니다. 그러나 다시 보면 산도 맞고 물도 맞다. 깨달음 속에서 산과 물의 실체를 여실히 알고, 분명하게 봐야 이 현상에 대해 의심하지 않게 된다. 진실은 여러 가지가 있는 것이 아니라 지금 이 자리 하나밖에 없다.

부처와 범부는 하나

불교에서 깨달은 사람을 부처라 하고, 깨닫지 못한 사람을 범부라 한다. 그러나 부처나 범부나 본성은 같다. 그런데 부처는 '본성이 나'인 줄을 알고, 범부들은 '지금의 육체가 나'라고 안다.

깨달은 사람은 본성 없이는 내가 지금 존재할 수 없다는 것을 안다. 우리는 명상이나 수행을 통해 본성을 얻을 수 있다고 여긴다. 그러나 본성은 얻는 것이 아니다. 그것은 이미 누구나 다 가지고 있다. 자신이 가진 생각이나 가치들이 그것을 알지 못하게 막고 있을 뿐이다. 그것들을 내려놓기만 하면 된다.

그래서 수행하지 말라는 말도 있다. 이미 다 깨달아 있기에 특별한 수행을 할 필요가 없다는 것이다. 일상생활에서 밥 먹고 일하면서, 또는 다른 사람과 교류하면서 기존의 생각들을 걷어내기만 하면 된다.

이 세상 만물은 전체인 하나에서 나왔다. 우주 전체가 사라지더라도 그것 하나는 남는다. 그것으로 인해서 부처도 나오고, 똥도 나오고, 낙엽도 나오고, 먼지도 나오고, 나도 나오고 다 나왔기 때문에 본질은 하나다. 그것을 공이라 하고, 자성이라 하고, 본성이라 하고, 참자아라 하고, 참나라 하고, 진아라 하고, 진리라 한다. 같은 하나에서 나와서, 같은 하나로 굴러가기 때문에 삼라만상은 서로 다르지 않다.

깨달은 사람, 깨닫지 못한 사람 다 같은 하나의 본성에서 나왔다. 부처를 중생과 똑같다고 말하는 것은 부처를 폄하시키는 것이 아니다. 부처의 자비로움을 인정하지 않거나 존경하지 않는 것이 아니다. 깨닫기 전에는 부처도 범부였기 때문이다.

무명인 내 눈에 세상이나 내가 실재처럼 보이지만 그것의 바탕은 본성이다. 개체로서의 나는 없다. 내가 무아이기 때문에 내가 알고 있는 이 세상이 실재가 아니다. 따라서 내가 좋은 일을 해도 한 적이 없고 악한 일을 해도 한 적이 없다. 내가 한 행위가 없으니 기억 속에 저장할 것이 전혀 없다. 그래서 세상을 윤회할 일도 없다.

꿈속에 있을 때는 여자도 자동차도 다 실재하지만 깨고 보면 아니듯이, 이 순간도 그렇게 바라보아야 한다. 내 옆에 싫은 것이 있어 고통일 때 '아, 저것도 환(幻)이다.' 하고 빠져나오라는 것이다.

오랜 습관 때문에 욕심내고, 성내고, 어리석은 삼독을 걷어내는 일이 쉽지 않다. 인간관계와 생활에 자꾸 치이다 보면 내 육체가 있다는 생각에 본성을 수시로 잊어버린다. 그러나 깨달으면 "아, 전체적인 이치가 그렇구나." 하고 내려놓게 된다. 누구나 이미 부처인데 다만 모르고 있을 뿐이다.

깨달음도 없고
도(道)도 없다

우리는 물질을 가지지 못해서 고통스럽기도 하지만, 가진 것을 잃어버릴까 봐 고통을 받기도 한다. 또한 몸이 점점 늙어가서 고통이고, 이 늙음조차도 끝날 것이라서 고통을 받기도 한다. 물질이 없어도 있어도 고통이며, 이 몸이 젊어도 늙어도 고통이다.

우리는 육체가 있다고 생각을 하고 이 육체가 나라고 여긴다. 그러나 이 육체는 그저 생로병사를 사계절처럼 지나는 환(幻)에 불과한 것이다. 그 환을 연출하는 본성이 바로 나다. 내가 진짜라고 부지런히 대접해 온 육체는 가짜다.

본성이 실재이다. 본성, 오직 이 하나밖에 없다. 이 우주 전체가 오직 그 하나로써 펼쳐진다. 깨달음을 얻으면 본성이 나인 줄 알고, 본성과 육체의 중간에 끼인 마음인 에고는 가짜인 줄 알게 된다. 불교에서는 본성, 이 하나를 가지고 생활할 때 부처라 하고, 에고인 이 마음을 나로 여기고 살면 중생이라 한다.

본성은 원래부터 내 안에 침묵의 상태로 가만히 있다. 침묵하고 있으니까 없는 줄 알고 우리는 중간에 끼여 있는 에고인 마음이 나인 줄 잘못 알고 살아간다. 본질을 보면 생각도 본성이다. 그래서 '번뇌 즉 보리'라고 한다. 지금 일어나고 있는 온갖 생각들도 그대로 열반이고 지혜라는 것이다. 그래서 우리가 버려야 할 것은 아무것도 없다. 내 생각 그대로가 이미 본성인 줄 알면 갈등할 것이 없다. '아! 이 생각이 일어났네.' 이렇게 알고 취할 것은 취하고 아니면 버리면 된다.

누군가가 밉다는 생각이 일어나면 그것을 잡지 않으면 그만이다. 그것을 잡아서 문제가 된다. 본성에서 일어나는 생각 그 자체는 아무 문제가 없다. 아무리 생각이 일어나도 그것이 합당치 않으면 잡지만 않으면 된다. 누군가에게 섭섭한 마음이 들어도 그냥 비가 내리듯이 내려보내면 된다. 그런데 습관적으로 그 생각을 잡고 집착하는 것이 문제다. 생각이 일어나는 것은 문제가 아니다. 이것을 잡느냐, 잡지 않느냐의 그 차이가 고통을 만든다.

부처와 중생은 똑같다. 모두 이미 청정하고 완전하다. 소를 잡는 백정도 깨닫는다. 소를 수백 마리나 죽였는데 어떻게 깨닫는다고 할 수 있을까? 백정은 살생을 했지만, 본성의 입장에서 보면 죽인 적이 없다. 삼라만상도 나타난 적이 없다. 지금 '나'라는 존재도 일어난 적이 없다.

꿈속에서 물을 마셨으나 깨고 보면 그런 적이 없다. 깨기 전에는 분명히 행위를 했는데 깨고 보면 물을 마신 적도, 컵도,

나도 없다. 꿈에서 땡볕 노동을 했거나, 전쟁이 나서 도망쳤거나, 멋진 자동차를 몰고 갔는데 깨고 나면 어떤 행위도 한 적이 없다. 지금이 그 꿈과 똑같다.

그래서 일상생활도 지금과 같이 하되 꿈과 같이 보면 된다. 이 세상이 실재가 아니고 꿈처럼 내가 만들어 낸 것이라면 비가 와도 좋고, 눈이 와도 좋다. 지금 이 순간 살고 있는 곳에서 즐기다 가면 된다. 고통도 걱정도 무늬만 그런 것이려니 하면 된다. 슬픔이 와도 너무 빠지거나 집착할 필요 없다. 또한 남한테 베풀어도 행한 것이 없으니 보상을 바랄 것이 없다. 어떤 사람이 좋은 비단옷을 입었어도 부러워할 것이 없다. 부처님 말씀대로 모든 것은 그림자와 같고 물거품과 같고 환과 같을 뿐이다.

이런 생각은 자칫 잘못하면 허무에 빠질 수 있다. 그러나 중요한 것은 본성을 찾았어도 지금 이 순간 내가 존재하지 않으면 기쁨이든 슬픔이든 누릴 수 없다는 것이다. 지금 자신이 마시는 은은한 차 맛도, 창밖으로 길어지는 나무의 그림자도 현재 내가 존재해야 느낄 수 있는 특권이다. 그래서 지금 이 순간 내가 존재함이 도의 나타남이고, 진리이고, 부처이고, 공이고, 진아이다.

이 공부가 깊어지려면 본성의 상태, 즉 내가 나타난 적이 없는 줄도 알고, 내가 없었던 적이 없는 줄도 알아야 한다. 누군가 눈을 떠서 깨달았다고 말해도 그 말은 잘못된 것이다. 왜냐하면 '나'라는 것이 존재한 적이 없기에 깨달은 적이 없다. 또 깨달아서 무엇을 얻은 적도 없다. 그래서 《금강경》에는 도(道)도 없고, 깨달음도 없고, 생도 없고, 멸도 없고, 모여서 나타나거나 사라진 적도 없다고 한다.

윤회하는 이유
세 가지

　수행은 지금 이 순간 삶에 집중하도록 한다. 본질적으로 우리는 지금 이 순간 살고 있기 때문이다. 하지만 나에게 끝없이 던지는 질문의 답을 찾으려면 먼저 불교의 윤회에 대해 알아야 한다.

　윤회하는 첫 번째 이유는 내 의지와 상관없이 다른 사람의 뜻에 의한 것이다. 예를 들어 내가 남에게 아주 몹쓸 짓을 하면 그 사람이 원수를 갚으려는 마음을 강하게 먹는다. 그러면 그 사람의 뜻에 의해 다시 태어나 윤회하게 된다. 즉, 나와 관계 맺은 사람의 마음 작용으로 내가 윤회한다는 것이다.

　윤회하는 두 번째 이유는 내 뜻에 의한 것이다. 살면서 구구절절한 사연들을 마음에 두면 그 풀지 못한 숙제들로 인해 다시 태어난다는 것이다. 그런데 우리는 스스로 원인을 지어 태어난 줄 모르고 자신에게 주어진 여건에 불만을 품는다.

　윤회하는 세 번째 이유는 아무런 이유 없이 태어났다는 것이다. 이 우주가, 이 본성이 이유 없이 태어나게 했다. 이 말은 과학과 지식이 아무리 발달해도 우리가 태어나서 각양각색으로 사는 이유를 밝히지 못하고 있다는 말이다.

사람들은 지금 내가 사는 삶이 진짜라고 생각하며 산다. 그래서 싫다, 좋다, 밉다, 억울하다는 다양한 마음의 상태에 집착한다. 이 마음은 우리를 끝없는 윤회의 수레바퀴로 밀어 넣는다. 지금 고통받는 삶이 윤회의 증거이다.

그러나 깨달음을 얻으면 더 이상 윤회는 없다. 내가 참자아임을 알고, 내가 본성임을 알고, 내가 부처임을 알기 때문이다. 현상계나 내가 실재가 아니고 공(空)인 줄을 알면 내가 행해도 행한 바가 없기에 윤회의 수레바퀴에서 빠져나올 수 있다.

어떻게 존재할 것인가? 언제까지 이 삶을 살아야 하는가? 마음에 들지 않는 이 삶이 누구의 것인가? 나는 무엇일까? 이제는 이러한 질문에 대한 답을 찾아야 할 때다.

지금의 삶이
첫 시작입니다

　많은 사람이 윤회를 믿는다. 지금 삶의 모습이 전생의 결과라고 생각한다. 또한 복을 지으면 다음 생에 좋은 기운을 받고 태어날 것이라고 여긴다. 그런데 궁극적으로 윤회도 없고, 복이나 죄라는 것도 없다.

　밥상에 오른 많은 생명이 나를 위해 죽었으면 그것은 분명한 희생이다. 그렇게 그들은 복을 짓고 죽지만 우리는 그들의 내세에 관심이 없다. 반면에 나 자신은 남에게 조금만 베풀어도 다음 생에 돌려받을 생각을 한다. 우리는 자신이 유리한 상황일 때 윤회를 믿고 싶을 뿐이다.

　만약 나의 이번 생이 윤회를 통해 받은 것이라면 그 이전의 생이 있을 것이다. 그 이전의 생은 또 거슬러 더 이전의 생이 있을 것이고 그렇게 거슬러 몇억 번 윤회를 거듭했을 것이다. 이렇게 생각하면 제일 처음의 생은 어떻게 시작됐을까? 전생이 없으면 처음의 생이 없어야 하고, 지금의 생도 없어야 한다. 그렇다면 전생이 없어도 내 생이 시작이 되었다는 것이다.

즉, 윤회가 없다는 논리이다. 지금의 삶이 첫 시작이다.

그러나 이 또한 치우친 견해이다. 부처님은 중도를 말씀하셨다. 중도는 양극단에 치우치지 않은 올바른 길을 의미한다. 이는 불교의 핵심인 공사상과 맥락을 같이 한다. 불교에서 말한 공은 있는 것도 아니고 없는 것도 아니다. 나는 있는 것도 아니고 없는 것도 아니고, 이 세상 또한 있는 것도 아니고 없는 것도 아니다.

존재의 근원인 나의 본성을 찾고자 한다면 생각이 극단으로 치우치면 안 된다. 내가 있다는 유아(有我)를 말해도 치우쳤고, 내가 없다는 무아(無我)를 말해도 치우친 것이다. 또한 윤회한다 해도 치우쳤고 윤회하지 않는다 해도 치우친 것이다. 치우친 것은 이미 중도에서 벗어난 것이다.

꿈을 꾸고 있는 동안에는 세상이 있다. 그런데 깨고 나면 그러한 세상은 있었던 적이 없고 내 생각으로 만든 것임을 알게 된다. 우리가 사는 이 현상계도 그와 같다. 우리가 말하는 이 세상도 내가 지금 존재할 동안 있는 것이다. 그러나 이것의 본질은 없다.

세상 만물은 나에게 의지해 있다

 깨달음은 학문적 지식이 많다고 해서 얻을 수 있는 것이 아니다. 또한 마음공부를 많이 했다고 해서 얻을 수 있는 것도 아니다. 누구나 깨달음을 얻고자 한다면 기존에 가지고 있는 생각을 달리 해야 한다.

 부모미생전 본래면목(父母未生前 本來面目), 부모에게서 이 몸을 받기 전 나는 본래 누구였을까? 이런 화두 역시 기존의 가치나 철학, 원자나 미립자 등의 과학으로는 절대 풀 수 없다. 내가 누군지 알기 위해서는 단번에 꿰뚫어 보는 통찰력이 필요하다.

 "약무세인 일체만법 본자불유 고지만법 본자인흥(若無世人 一切萬法 本自不有 告知萬法 本自人興) 만약 사람이 없다면 만법이 제 스스로 있을 수 없다. 만법은 사람으로부터 생긴 것이다."

이것은 《육조단경》에 나오는 구절이다. 이 세상은 사람에 의해서 있다. 이때 사람은 나를 말한다. 세상은 다른 사람이 아닌 나로 인해 있다. 내가 존재할 때 이 세상이 있다는 것이다.

내가 누구이며 어디서 와서 어디로 가는지, 어떻게 살아야 하며 이 현상계를 어떻게 이해할 것인지를 풀려면 나밖에 없다. 내가 죽어도 타인들이 있고 세상이 있을 것이라고 생각하면 안 된다. 세상과의 관계, 그것들을 무시하라는 것이 아니다. 이 궁극적인 질문에 대한 답을 찾으려면 본질적으로 나밖에 없다는 것을 인식해야 한다.

천상천하 유아독존, 오직 내가 존귀하다는 말이다. 세상에서 내가 제일 잘났다는 말이 아니다. 하늘 아래 다른 누구를 기준으로 삼지 말고 오직 나를 기준으로 세상을 보라는 뜻이다.

우리는 기절하거나 잠이 들면 이 현상계를 볼 수도, 알 수도 없다. 그런데 깨고 나면 나라는 생각이 들면서 걱정들이 몰려온다. 딸이 아프다. 친구가 떠났다. 아내가 우울하다. 어머님 허리가 이대로 괜찮을까? 직장 상사가 싫다. 이 모든 걱정은 지금 이 순간 존재하는 내가 만들어 낸 것이다.

내가 있기에 이 세상이 있다. 내가 사라지면 이 사람들도, 이 세상도 없다. 내가 있기에 내 딸도, 내 아내도, 내 어머니도, 대통령도, 꽃도, 나비도, 벌도, 달도 있다. 내가 사라지면 이 세상 만물도 모두 사라진다. 세상은 나에게 의지해 있다.

천상천하
유아독존

 근원적으로 내가 존재하지 않으면 그 무엇도 존재하지 않는다. 통찰하여 깊게 들여다보고 '아! 그럴 수도 있겠다.'라고 생각해야 한다.

 이 세상이 연기의 법칙으로 작동된다는 말을 내가 한다. 오온으로 이 세상을 인지한다는 말을 내가 한다. 밤하늘의 별이 반짝인다는 말을, 깨닫지 못했다는 말을, 괴롭다는 말을 다 내가 한다.

 내가 존재하니까 누군가 잘생겼다 못생겼다, 기쁘다 슬프다 하는 온갖 말들을 한다. 윤회한다는 말도, 죽어서 지옥이나 천국 간다는 말도 내가 한다. 붓다가 위대하다는 말도, 부모님이 나를 낳았다는 말도 내가 한다. 세상에 대해 말하는 모든 근거는 바로 나다.

 "천상천하 유아독존(天上天下 唯我獨尊) 하늘 아래에도 위에도 오직 내가 존귀하다."

부처님이 세상에 오셔서 처음으로 외치신 말이다. 오직 나밖에 없다. 내가 존재하지 않으면 산과 들, 나무와 꽃, 그것을 보는 당신, 그 무엇도 없다. 삼라만상은 나로부터 출발한 것이다. 내가 법이다.

우리는 내가 존재하지 않을 때 이 우주를 본 적이 없다. 내가 존재할 때 이 우주가 있다. 이 세상도 내가 만든 것이고 이 고통 또한 내가 만든 것이다. 내가 겪고 있는 이 고통이 죽어서도 계속될까? 아니다. 내가 살아서 존재하고 있을 때만 이 세상도 있고 고통도 있다.

우리는 지금까지 책이나 강연, 유튜브, 인터넷 등 다양한 매체를 통해 수많은 지식을 쌓아왔다. 우리의 머리는 지식이 차고 넘쳐서 오히려 내가 누구인지 알지 못한다. 지금 자신이 옳다고 여긴 가치와 견해들을 내려놓을 수 있어야 한다. 스스로 오답이라 외면했던 것이 반대로 정답일 수 있다는 생각을 하면 좋다. 그래서 선사들이 "깨달음이란 별것 아니다. 당신이 옳다고 한 그 견해만 내려놓으면 된다."라고 했다.

현존하라,
오직 지금뿐

　초등학교 때 달리다가 무릎이 까진 기억이 있다. 또, 대공원에 놀러 가서 청룡 열차를 탄 기억도 있다. 그런 과거의 기억을 지금 생각한다. 그 아이들이 커서 어른이 됐다는 말도 그때가 아닌 지금 말한다.
　기존의 사고방식을 바꾸어야 한다. 50년 전 일어난 일도 지금 말한다. 과거를 돌이켜 이야기를 하지만 실제 그때를 찾아가지 못한다. 50년 전 일도 지금 하는 생각이다. 10년 후에 어떤 일을 한다고 말하는 것도 10년 후가 아닌 지금 말한다. 1분 후에 어떠한 일이 일어나리라는 것도 지금 펼친다. 미국에 비행기 타고 가서 풍경을 보는 것도 지금 보는 것이고, 예전에 이십 대 때 아름다운 사랑을 했다는 것도 지금 하는 생각이다.
　어떤 어머니는 10년 전에 자식이 죽었다. 그래서 지금도 슬퍼하고 고통스러워한다. 자식이 죽었기 때문이 아니라 지금 그분 마음이 10년 전 과거에 머물러 있기 때문이다.
　우리는 예전에 삼촌이 그랬는데, 고모가 그랬는데, 엄마가 그랬는데 하면서 마음이 과거로 가 있다. 또는 내가 모아놓은 돈이 모자라면 어떻게 하지? 하며 금방 또 미래로 가 있다. 마음이 과거나 미래에 있기 때문에 지금 힘들게 사는 경우가 많다.

10분 후에 일어날 일을 지금 증명할 수 있을까? 10분 후에 그 일이 있다는 것을 미래로 가지 않고 증명할 수 없다. 10분 전의 일도 증명하라고 하면 못한다. 내가 살 수 있는 시간은 오직 지금 아니면 없다. 오직 지금뿐이다. 밥을 먹어도 지금 먹고, 기분이 좋아도 지금 좋고, 슬퍼도 지금 슬프고, 화를 내는 것도 지금이다.

고통에서 벗어나는 방법은 마음을 지금, 현재에 두는 것이다. 과거는 이미 지나가서 증명할 수 없다. 미래는 아직 오지 않았기 때문에 증명할 수 없다. 우리가 살 수 있는 시간은 지금밖에 없다. 지금을 사는 것이 진리이다.

이것이 있으므로
저것이 있다

"이것이 있으므로 저것이 있고, 이것이 없어지면 저것도 없어지며, 이것이 일어나므로 저것이 일어나며, 이것이 소멸하면 저것도 소멸한다."

이 구절은 부처님의 연기법에 대한 설명이다. 불교에서는 이것을 단순히 무아(無我)나 무상(無常) 또는 공(空)으로 설명한다. 그러나 깨닫지 못한 학자들의 억지 해석에 불과하다.

이 연기법은 분명히 '나'를 중심에 두고 있다. 이 세상에는 오직 나밖에 없다. 모든 존재는 나로부터 출발한다. 이것이 있어야, 즉 내가 있어야 이 세상이 생겨난다. 또한 이것이 없기에 저것이 없다. 즉, 내가 없으면 저것도 없다. 내가 사라지면 내가 지금 바라보는 모든 대상도 사라진다는 것이다.

우리는 경험한 것만 실재라고 믿는다. 태어나서 한 번도 경험해 보지 않은 것은 실재라고 생각하지 않는다. 태어나기 이전에 이 세상을 본 적 있는가? 태어나기 전에 이 세상을 본 적이 없는데도 우리는 이 세상이 있었다고 말한다. 그것은 잘못된 생각이다. 자신이 살아 있을 때 그렇게 추측한 것이다.

　내가 있기에 이 세상이 있다. 내가 있기에 저 산과 들에 눈발이 흩날린다. 내가 있기에 꽃이 피고 사과도 열린다. 이 세상이 있다는 근거는 지금 나의 존재함이다. 내가 죽고 나서 이 세상을 본 적이 있는가? 없다. 자신이 살아 있을 때 다른 사람들이 죽는 것을 보고, 자신이 죽은 뒤에도 이 세상은 남아 있을 것이라고 그렇게 짐작할 뿐이다.

　이 세상과 우주의 시작은 나다. 내가 없다면 이 세상도 이 우주도 없다. 이것이 생기기 때문에, 즉 눈을 떠서 내가 존재하는 순간 산도 있고, 지붕도 있고, 나무와 같은 저것이 있다. 또 이것이 없기 때문에, 즉 나라는 존재가 없으면 눈앞에 보이는 새도 없고, 친구도 없고, 수국꽃과 같은 저것이 없다는 것이다.

　이 세상이 펼쳐져 있어도 내가 존재한다는 생각이 들어서 세상을 봐야 그것이 있다. 사람들이 늘 지나쳤으면서도 '언제부터 저 나무가 있었지? 지금 처음 보는데.' 하는 착각을 자주 한다. 내가 지금 존재해서 이 세상을 봐야 이 세상이 있다.

　내가 이 우주를 만들었다. 내가 존재해야 다른 것이 생겨나거나 존재할 수 있다. 그래서 이것이 있으면 곧 저것이 있는 것이다. 저것이 있으므로 이것이 있는 것이 아니다. 또한 내가 존재하지 않으면 다른 것이 없다. 그래서 이것이 소멸하면 곧 저것이 소멸한다는 것이다. 저것이 소멸하므로 이것이 소멸하는 것은 아니다.

보이는 것의 본질은
실재가 아니다

"범소유상 개시허망 약견제상비상 즉견여래(凡所有相 皆是虛妄 若見諸相非相 卽見如來) 무릇 형상이 있는 것은 모두 허망한 것이다. 만약에 내 눈 안에 들어오는 상이 상 아님을 알면 곧 여래를 보리라."

이 사구게는 《금강경》의 핵심이다. 눈에 보이는 삼라만상을 실재, 진짜가 아닌 것으로 보라. 눈 앞에 펼쳐진 세상이 실재가 아님을 알면 부처가 될 수 있다는 뜻이다.

여기서 비상(非相)은 상이 아니라는 말이지, 상이 없다는 무상(無相)이 아니다. 상이 아니라 할 때 간혹 무상이라는 말을 쓰기도 한다. 그러나 비상과 무상의 뜻을 정확히 구별해야 한다. 여기서 비상(非相)은 이 세상에 있는 모든 형상을 없다고 보라는 말이 아니다. 상이 그대로 있는데 그것을 상이 아닌 것으로 보라는 것이다.

여기 컵이 이렇게 있지만 본질적으로 이것은 컵이 아니라는 것이다. 그런데 상이라 하면 우리는 이 세상에 있는 삼라만상을 말하는데, 여기서 중요한 것은 나 자신을 놓치고 있다는 것이다. 나는 그대로 두고 이 세상이 상이 아니라 한다. 나도 상이다. 나를 **빼면** 안 된다. 이것이 핵심이다. 세상 만물뿐 아니라 나도 상이 아님을 봐야 한다.

내가 무슨 대학을 나왔는데, 내 직업이 무엇인데 하고 내 상 뒤에 숨어버리면 결코 나를 찾을 수 없다. 우리가 배운 지식과 기술들이 이 세상에서 직업을 얻거나 남들하고 화합하고 사는 데는 중요하다. 하지만 존재의 근원인 나를 찾기 위해서는 그 것들을 모두 내려놓아야 한다.

"꿈을 꾸고 있는 동안에는 그 세상이 없다 할 수 없고, 꿈을 깨고 난 뒤에는 그 세상이 있다 할 수 없다."

선사들은 이렇게 말한다. 내 마음이 현재에 몰입해 있을 때는 모든 것이 실재처럼 느껴진다. 머리를 벽에 부딪히면 아프다. 아프지만 벽을 상이 아닌 것으로 보고 감각을 느낀 나도 상이 아닌 것으로 봐야 한다. 본질적으로 모두 다 허상인 것이다. 실재가 아니라는 것이다.

우리가 사는 이 현상계는 끊임없이 나고 죽는 일들이 일어나지만 모두 아무 의미가 없다. 궁극적으로 그것을 아는 자가 누구냐를 찾는 것이 바로 나를 찾는 것이다. 살면서 끊임없이 좋다 나쁘다, 맞다 틀리다 하는 그것도 바로 내 상이 존재하기 때문이다. 나 역시 비상(非相)임을 알아야 한다.

깨달음은 삼라만상이 상이 아님을 본 자리이다. 중요한 것은 내 몸과 마음 또한 상이 아님을 알아야 한다는 것이다. 이것을 아는 내가 진짜 나다.

내가 존재임을 자각하라

사람들은 돈이 있으면 행복하다 생각하지만 실제로 그렇지 않다. 그렇다고 갖지 말라는 뜻은 아니다. 돈이 있으면 편하고 좋은 것은 사실이지만 그것을 추구하는 것이 궁극적인 행복은 아니라는 것이다.

궁극적인 행복이나 진리는 내가 가진 형편이나 여건에 있는 것이 아니라 영원한 나의 존재를 아는 것이다.

나는 스스로 존재하는 자다. 이것은 지금 열등감 가지고, 자존감 낮고, 자신감 없는 나를 말하는 것이 아니다. 또한 돈이 좀 있어서 행복하게 사는 나를 말하는 것도 아니다.

지금 내가 가지고 있는 것은 근원적인 '나'가 아니다. 흔히 우리는 현재의 사회적 지위나 경제적 수준, 가정적인 환경을 가지고 사람을 판단하는데, 그러한 기준들은 내가 아니라는 것이다. 사람들이 나를 평가하고 지칭하는 '나' 아닌 것들을 빼야 한다.

남자, 여자라는 성별을 빼도 나는 존재한다. 자동차를 빼고,

사는 집을 빼도 나는 존재한다. 질병을 빼도 나는 존재한다. 나이를 떼어내고, 자식도 떼어내고, 아내도 떼어내고, 부모도 떼어내면 최종적으로 남아 있는 나라는 존재가 있다. 물론 내가 가지고 있는 생각들도 빼야 한다. '나는 죄가 많은 사람이야.' '나는 착한 사람이야.' '나는 실직한 사람이야.' 이런 생각들을 다 떼어내도 내 존재는 남는다.

우리는 내게 주어진 여건에서 자꾸 나를 비추어 보기 때문에 나를 찾지 못한다. 또 세상의 기준으로 나를 평가하기 때문에 나를 찾지 못한다. 이렇게 나를 부수적으로 표현하는 것들을 다 떼어내고 생각하기를 멈추면 최종적으로 나라는 존재의식은 남아 있다. 그 존재만이 '나'다. 이것이 참자아이고 본성이다.

지금 나에게 주어진 것들은 존재의 바탕 위에서 나타나는 것이다. 내가 젊었다 늙었다, 많이 가졌다 적게 가졌다, 누가 밉고 좋다 하는 것들은 그저 존재 위에 덧붙여진 것이다.

내가 존재한다는 것은 교육받아야 아는 것이 아는 것이 아니다. 또한 남에게 물어서 알 수 있는 것도, 책을 봐야 알 수 있는 것도 아니다. 저절로 아는 것이다. 지금 이 순간 스스로 존재한다는 것을 아는 그것만이 실재이다. 이 순수한 의식은 언제나 여여하다. 이것이 그토록 찾고자 하는 '나'다.

이젠 나를 찾을 때가 되었다

　세상살이에 바쁜 우리들은 자기 존재에 대한 고민을 하지 않는다. 그렇지 않아도 힘든 삶을 스스로 골치 아프게 할 필요가 없기 때문이다. 그렇다면 우리가 철학적 고민 없이 사는 삶에 만족해야 하는데 또한 그렇지도 못한 게 현실이다. 좋은 옷을 입고 맛있는 밥을 먹어도 마음 한편에 남아 있는 허전함, 존재에 대한 궁극의 갈증을 여전히 채울 수 없다.
　이제는 내가 온 곳이 어디인지, 지금의 나는 누구인지, 어디로 가는 것인지 등 존재에 대한 궁극의 갈증을 해소할 때가 되었다. 어쩌면 존재의 가벼움이 미덕이 되어가는 이 시점에 공부를 더는 미룰 수 없다.
　우리는 아주 오랜 세월 동안 신이 우주 공간 어디엔가 있어서 이 세상을 창조하고, 그 안에 내가 태어났다고 배웠다. 만일 그것이 맞다면 내가 누구인지 찾았어야 한다. 그런데 지금까지 나를 찾지 못하고 있는 것을 보면 그 배움이 틀렸다는 것이다.

이미 있는 우주에 내가 태어난 것이 아니다. 내가 먼저다. 내가 없는 우주가 어디 있겠는가? 내가 없이는 신도 없다. 내가 신을 창조한 것이다. 모든 근원은 바로 나 자신이다. 따라서 내가 신이며 내가 전부이다.

지금 살아가는 이 현실도 당연히 내가 창조한 것이다. 눈 덮인 대지와 풀, 날아가는 새들, 지붕 사이로 모락모락 올라오는 저 연기 모두 내가 창조한 것이다.

이 육체 역시 내 생각이 만든 것이다. 육체는 태어나서 늙고 병들어 죽지만 나는 죽지 않는다. 나는 태어난 적이 없다. 그 나가 바로 본성이고, 참자아이고, 부처이고, 진리이고, 도이고, 깨달음이고, 자성이다.

우리는 돈을 아무리 많이 벌어도, 명예가 아무리 많아도 결국엔 죽는다. 정말 나를 구원할 수 있는 것은 돈도 명예도 아니고, 이 순간 존재하는 내가 누구인지를 아는 것이다.

불교에서는 우리가 세상에 온 목적을 일대사인연이라고 한다. 내가 누구인지 찾기 위해 태어났다는 것이다. 내가 누구인지는 나만 알 수 있다. 오직 나만이 나를 구원할 수 있다. 내가 바로 깨달을 수 있는 근원적인 출발이다.

우리는 모두 대단한 존재이다. 남들보다 물질이 적고 건강하지 못해서 존재의 가치가 떨어지거나 없어지는 것이 아니다. 지금 처한 그대로가 바로 신의 모습이고, 신의 나타남이다. 스스로 가지고 있는 가치와 개념만 바꾸면 존재의 기쁨과 무한한 자유를 경험하게 될 것이다.

삼라만상이 모두 법문이다

아직 더위가 가시지 않았던 어느 여름, 자려고 누웠는데 귀뚜라미 소리를 들었다. 처음엔 잘못 들은 것이 아닌가? 의심했지만 그 소리의 정체는 귀뚜라미였다. 그 순간 '아, 여름에도 가을이 같이 오는구나!' 하는 생각이 들었다. 이 세상에 갑자기 일어나는 일은 없구나 싶으면서 그때부터 귀뚜라미 소리가 법문으로 들렸다.

살다가 갑자기 가을이 왔다거나, 갑자기 병이 났다거나, 갑자기 살이 쪘다고 생각하는 것은 잘못이다. 어디에선가 묵묵하게 준비하는 변화의 시간이 있었다는 것이다. 이것을 모르고 우리는 어느 날 갑자기 나타난 현상이라고 호들갑을 떤다.

우리에게 갑자기 우연히 일어나는 일이란 없다. 반드시 일어나야 하는 일들이 일어나는 것이다. 이 우주가 우리를 끊임없이 깨우치고 있다. 진정으로 마음 기울여 보면 모든 현상은 그 자체가 진리의 법문이다.

"너는 나처럼 최선을 다해 살았느냐? 나는 한 끼 식사에도 이렇게 목숨을 걸고 산다."

이것은 토굴에서 모기에 물렸을 때 들은 모기의 법문이다. 그 모기의 외침에 사소한 불평투성이의 자신을 돌아보고 부끄러움을 느낀 적이 있다.

젊은 시절 나는 일류 대학을 나온 것도 아니고, 키도 작고, 얼굴도 못생겼다고 스스로 주눅이 들어 살았다. 그래서 '나는 결코 잘 살 수 없다.'라고 절망하며 지냈다. 그러던 어느 날 강가에 갔는데 아무것도 아닌 돌이 법문을 했다.

"나는 내 색깔대로 산다. 평범하면 아무도 주워 가지 않는다. 나만의 매력 때문에 수석이 될 수 있다. 너도 너 자신의 색깔대로 살면 된다."

그동안 나의 색이 아닌 다른 존재의 색을 찾아 헤맨 어리석음을 느꼈다. 그날 이후 세상에 나라는 존재는 나밖에 없고, 나는 나다운 것이 가장 아름답다는 것을 알았다. 누가 날 대신할 것인가? 개나리는 그 찬란한 노란색으로 봄을 알리고, 장미꽃은 그 진한 붉은색으로 불타는 사랑을 노래한다. 나는 나답게 사는 것이 최고의 진리이다.

우리는 시냇물이 흐르는 소리를 들으면 마음이 편안하고 기분이 좋아진다. 그것은 시냇물이 말하는 것을 알아들었기 때문이다. 새 소리가 반갑고 바람 소리가 울음처럼 들리는 것도 그것을 이해하고 알기 때문이다. 이 세상은 법문 아닌 것이 없다. 모든 사물의 본질을 들여다보면 그 순간에 확 깨우침이 온다.

《반야심경》 나를 찾아
고통에서 벗어나는 안내서

"관자재보살 행심반야바라밀다시 조견오온개공 도일체고액(觀自在菩薩 行深般若波羅蜜多時 照見五蘊皆空 度一切苦厄) 관자재보살이 깊은 반야바라밀다를 행할 때 오온이 공한 것을 비추어 보고 온갖 고통에서 벗어났느니라."

불교에서 중요하게 여기는 《반야심경》은 '공'의 가르침을 일관적으로 담고 있다. 공을 강조하는 이유는 공을 알아야 나를 알 수 있기 때문이다.

지금 손에 컵이 들려 있다. 이 컵은 이대로 있는 이 자체가 공이다. 지금 이렇게 있지만 '있다' 할 수 없고, 이렇게 형상을 갖추었기 때문에 '없다' 할 수 없다. 즉, 있는 것도 아니고 없는 것도 아니다. 그것을 공이라 한다.

우리의 몸과 마음도 마찬가지이다. 내 몸과 마음이 다 공이다. 눈은 보지만 스스로 보는 기능이 없다. 귀도 듣지만 스스로는 듣는 능력이 없다. 코도 냄새 맡지만 스스로는 냄새 맡는

능력이 없다. 혀도 스스로는 맛을 느끼지 못한다. 피부도 스스로는 감촉을 느낄 수 없다. 생각도 마찬가지이다. 하루 종일 오만가지 생각을 하고 살아도 잠만 들면 흔적 없이 정지해 버린다.

내가 인지하는 오온이 공이므로 내가 보는 삼라만상 역시 자성이 없다. 하늘도 내 눈으로 본 것이고, 날아가는 새가 지저귀는 소리도 내 귀로 들었다. 좋은 향기도 코로 맡고, 산들바람이 스치는 느낌도 뺨에 닿는다. 먹어서 맛있다는 것도 입속 혀로 느낀다. 우리는 이렇게 이 세상이 실재한다 여기지만 절대 그렇지 않다. 오감으로 인지하는 내 몸이 사라진다면 이 세상이 실제로 있다고 말할 수 없다. 몸과 마음으로 인지한 이 세상은 나의 존재를 확인하는 도구에 지나지 않는다.

내 삶이 고통스러운 이유는 내가 있다고 여기기 때문이다. 내가 있다고 하면 내 지위가 있고, 내 차가 있고, 내 집이 있고, 내 돈이 있다. 그래서 나와 별개인 것들을 끊임없이 추구하다 보니 고통을 겪는다.

나를 제대로 알아야 한다. 내 몸과 마음은 있지만 사실은 있는 것이 아니다. 나는 공이다. 나의 몸과 마음을 작동시키는 참주인이 따로 있다. 그것이 참나고 본성이다. 참나를 알아야 한다. 참나를 찾는 것만이 고통에서 벗어나 대자유에 이르는 길이다.

깨달음이
나의 본성이다

 어떤 스님이 차를 몰고 가다가 피곤이 몰려와 차를 세우고 잠깐 잠을 잤다. 얼마 후 잠이 깨면서 "어! 이거는 안 자네." 하고 외쳤다. 본래면목을 본 것이었다.

 이 말씀처럼 육체는 잠이 들어도 본래면목, 참자아는 잠들지 않는다. 이 참자아가 있어야 잠이 들었다가도 깨어날 수 있고, 기절했다 하더라도 깨어날 수 있다. 잠이 들었을 때도 기절했을 때도 참자아는 그대로 있다.

 참자아는 항상 존재한다. 참자아는 우주가 없어도 존재하지만 참자아가 없는 우주는 있을 수 없다. 날아가는 새들, 흘러가는 구름, 새벽닭 소리, 돌멩이 구르는 소리 모두가 참자아의 나타남이다. 그래서 내 눈에 보이는 것도 내 귀에 들리는 것도 모두 깨달음을 주는 법문이 된다.

 아무리 좋은 것을 걸쳐도, 아무리 맛있는 것을 먹어도 그 뒤에 허전함이 남는 것은 바로 내 안에 들어 있는 참자아를 알고자 하는 마음이다. 《우파니샤드》에서는 "그는 만물 안에 있으면서 동시에 밖에도 있다."라고 했다. 그래서 참자아, 나를 알면 이 세상을 다 알게 된다.

피리에 바람이 들어가면 구멍을 통과하면서 여러 가지 다른 소리를 낸다. 이때 도의 당처는 무엇일까? 레의 당처는 무엇일까? 그 당처, 근원은 그냥 바람이다. 마찬가지로 지금 저 닭의 당처는 무엇일까? 저 소나무의 당처는 무엇일까? 저 구름의 당처는 무엇일까? 그 당처는 참자아이다.

나무에 불을 붙이면 활활 타오른다. 우리는 밖에서 불을 붙였기 때문에 불이 타오른다고 생각하지만 나무 안에 이미 불이 들어 있었기 때문에 타오르는 것이다. 이처럼 우리 육체 안에도 참자아가 들어 있기 때문에 내가 이렇게 움직이고 활동하며 기쁨과 슬픔도 느낄 수 있다.

참자아는 하나로서 모든 다른 존재 속에 들어 있으면서 서로 다른 모습으로 나타난다. 어떤 분은 95세인 할머니이고, 어떤 아기는 이제 갓 태어나서 울고, 또 누구는 결혼해서 신혼여행을 가고, 이렇게 제각각 다른 모습이지만 전부 다 같은 참자아의 나타남이다.

내가 자신감 없이 살아도 참자아는 당당하다. 내가 다리를 다쳐서 굉장한 고통 속에 있어도 참자아는 고통이 없다. 참자아는 어떤 것에도 오염되지 않는다. 참자아는 언제나 완전하게 있다. 그래서 우리는 이미 깨달아 있다. 이대로가 부처이다.

나는 영원하다

우리는 자기 안의 욕망에 따라 살고 있지만 결코 행복할 수 없다. 그래서 끝없는 갈등으로 쉽게 무너져 버리는 심리적 불안과 공포를 많이 겪는다. 갈수록 물질적 풍족함이 차고 넘치는 시대를 살고 있지만 우리의 정신적 측면은 더 피폐해졌다.

이런저런 욕망의 사슬을 끊어내지 못하면 결코 윤회의 수레바퀴를 벗어날 수 없다. 윤회는 그전에도 없었고 지금도 없고 앞으로도 없다. 그러나 이 몸과 마음이 나라는 생각을 멈추지 못하고 참자아가 나인 줄 모르면, 윤회는 그전에도 있었고 지금도 있고 앞으로도 있다. '내가 무엇을 했다.' '나는 억울하게 당했다.' 이런 온갖 생각들이 다음 생을 또 만들어 낸다. 욕망이 있는 한 영원히 고통에서 벗어날 수 없다는 말이다.

나의 본질은 이 육체나 마음이 아니다. 키가 작거나, 못생겼거나, 뚱뚱하거나, 말랐거나 그 모습은 내가 아니다. 지성, 마음, 감각, 정열 그 모든 것도 사실은 내가 아니다. 때가 되면 이 육체와 에고의 마음은 죽는다.

내 본래 모습은 참자아이다. 나의 본성인 이 참자아는 늙거나 병들거나 죽지 않는다. 이 세상 그 무엇에도 구속당하지 않는다. 본래의 나, 참자아는 세상 모든 것을 나타나게 하는 근본 바탕이다. 그것은 영원하다.

참자아, 참나는 다이아몬드로 나타날 수 있고, 바람으로 나타날 수 있고, 구름으로 나타날 수 있고, 소로 나타날 수 있고, 금으로 나타날 수 있고, 그 무엇으로도 나타날 수 있다. 물론 내 육체로도 나타날 수 있지만 그것은 본래의 나가 아니다.

깨닫고 보면 참자아도 마음이고 육체와 함께 있는 이 마음도 마음이다. 나란 존재가 아무것도 아닌 것 같지만 나는 크기로 나타낼 수 없는 이 전체인 참자아이다. 나같이 보잘것없는 것이 어마어마하게 위대한 존재라는 것이다.

따라서 불멸의 참자아를 깨달은 사람은 더 이상 두려움이 없다. 자신이 불행한 드라마의 주인공이 되지 않을까? 하는 걱정이 없다. 내가 더 건강해야 한다, 더 부유해야 한다는 집착도 없다. 불교에서 "이것뿐이다!"라는 말이 그 말이다.

참자아만이 나의 본성이다. 참자아가 난 줄 알면 그 어디에도 흔들리거나 얽매일 것이 없어 완전한 자유를 누릴 수 있다.

내가 우주의 중심이다

우리는 세상을 살아가면서 좋은 일, 나쁜 일, 미워하는 일, 사랑하는 일 등등 온갖 일들을 겪는다. 그런데 그런 일들은 나와 상관없이 일어나는 것이 아니다. 극단적으로 말을 하자면 내가 나를 속이는 것이다. 바로 내가 그러한 행위를 하고 있는 것이다.

이 세상 모든 것은 나와 관련 없는 것이 없다. 이 세상은 나와 분리된 것이 아니다. 내 마음이 나타나야 보이기 때문에 결국 나다. 이 세상을 창조하고 발전시키고 소멸시키는 것이 나라는 것이다. 내 안의 참자아, 참나라는 것이 주인이다. 이렇게 세상을 바라보는 관점만 바꾸면 모든 고뇌가 사라지고 생사와 윤회도 끝난다.

어떤 여성이 결혼해서 자식을 낳았다. 그런데 그녀는 자식한테 남편보다 더 많은 정성을 기울여도 힘들지 않았는데, 남편에게 쏟은 노력은 너무 힘이 들었고 돌려받지 못할 것이라 생각해서 괴로워했다. 그러나 사랑의 본질을 이해하고 생각을 바꾸면 분명히 고통이 사라진다는 것을 알아야 한다.

　이 육체와 에고의 마음은 태어난 적이 없다. 이 육체도 환영이고, 이 환영을 통해서 나타나는 이 세상도 환영이고, 에고의 마음도 환영이다. 이것을 알면 육체가 있는 동안은 먹고 입어야 하지만 궁극적으로 집착을 하지 않게 된다. 내가 착한 일을 한 것도, 좋은 일을 한 것도, 억울한 일을 당한 것도, 미움을 당한 것도 다 내려놓을 수 있게 된다. 그러면 언제나 삶이 여여해진다.

　모든 삶의 끝에 죽음이 있다. 우리의 불안이나 두려움의 끝은 죽음이다. 우리는 육체가 없어지니 죽는 것으로 보지만 마음은 참자아이기 때문에 죽는 존재가 아니다. 육신은 죽지만 그것을 이루고 있는 중심인 마음, 참자아는 변하지 않는다.

　궁극적으로 죽음이 없음을 알면 그 모든 행동이 당당하고 자유로워진다. 내 눈 앞에 펼쳐진 이 세상이 내 마음의 나타남인 줄 알면 어떤 것에도 얽매이지 않고 살 수 있다. 이렇게 사는 것이 자유로운 삶이다. 가지고 싶은 것을 가지고, 먹고 싶은 것을 먹는 것이 자유로운 삶이 아니다.

　언제나 이 세상 만물은 머무르지 않고 끊임없이 변화한다. 그 변화는 나로 인해서 있다. 내가 곧 주재자다. 나는 아무것도 아닌 존재가 아니고 우주의 중심이다. 언제나 이런 당당한 마음이 될 때 나를 찾아간다. 이런 마음으로 수행해 가면 된다.

오직 마음이요,
다른 법은 없다

《전심법요》에 유명한 일화가 있다. 눈을 뜬 황벽이 신분을 숨기고 허드렛일하는 절에 배휴가 와서 벽에 걸린 옛 고승들의 진영을 보고는 "이 고승들은 어디에 있느냐?"라고 물었다. 주지는 아무 말도 못 하였고 평소 남달리 보였던 황벽을 불러왔다.

황벽을 본 배휴는 또다시 "진영은 여기 있는데 고승들은 어디에 있느냐?"라고 물었다. 그러자 황벽이 "배휴!" 하고 큰 소리로 불렀다. 배휴는 깜짝 놀라 얼떨결에 대답했다. 그러자 황벽이 "그대는 어디 있는가?" 하고 되물었다. 이에 배휴가 깨닫고 황벽을 스승으로 모셨다.

황벽 선사가 배휴를 부른 것은 지금 그렇게 묻는 자신이 누구인지 묻는 말이다. 나를 벗어나서 생각하면 존재의 근원인 나를 찾을 수 없다. 나를 찾고자 하는 것도 나고, 다른 사람이 마음에 들지 않는 것도 나고, 다른 사람이 불쌍하다는 것도 모두 나다. 그래서 형상에 집착하여 밖에서 구하지 말고 내면에서 자신을 찾으라는 말이다. 선사는 이렇게 말한다.

"모든 부처와 더불어 일체중생은 오직 마음이요, 다른 법은 없다. 이 마음은 무시(無始) 이래로 생겨난 것도, 소멸되는 것도 아니다. 푸르거나 누른 것도 아니며, 형상이 있는 것도 없는 것도 아니다. 어떤 유무 자체에 속박되지 않으며, 옛것이나 새것도 아니고, 길거나 짧은 것도 아니며, 크거나 작은 것도 아니다. 명칭이나 언어로 헤아려 알 수 없는 것으로 그 당체가 곧 진실함이니, 생각을 일으키면 어긋난다."

이 마음이란 있는 그대로 참된 것이므로 거기에 어떤 수식어를 붙인다거나 생각으로 헤아려 알 수 있는 것이 아니라는 뜻이다.

이 세상의 출발은 내 마음이다. 내 마음을 벗어나서는 매미 소리도 삼촌도 부모도 그 무엇도 있을 수 없다. 내가 없는 세상은 없다. 선사들은 깨닫고 나면 한결같이 부모를 내가 낳았다고 한다. 정말 부모를 내가 낳은 것이 맞다. 지금 책을 보는 것도 내가 본다.

깨닫기 전에 이 마음은 내가 아니다. 깨닫고 나면 이 마음은 본성에서 나온 것이니 비로소 나다. 마음은 모양이 보이는 것이 아니다. 선사들에게 마음이 무엇인지 물으면 검지를 허공으로 치켜들어 보이곤 한다.

눈에 보이는 전부가 내 마음의 나타남이다. 그도 나고, 너도 나고, 나도 나다. 지옥도, 극락도 지금 여기에 있는 나다. 깨닫고 나면 오직 내 마음, 본성밖에 없다. 이것만이 진정한 '나'다.

《전등록》
병 속의 새를 꺼내다

《전등록》은 천 년 전에 만들어진 선어록이다. 그 책에 병 속의 거위 이야기가 실려 있다.

어느 날 육긍 대부가 남전 스님에게 물었다.

"옛사람이 병 속에다 거위 한 마리를 길렀는데 거위가 점점 커서 나오질 못합니다. 병을 깨트릴 수도 없고 거위를 죽일 수도 없으니 스님께서는 어찌하여 꺼내겠습니까?"

어떤 스님이 출가해서 처음 받은 화두가 이것이었다. 몇 년 뒤에 이 화두를 풀었다며 이렇게 설명했다. "병 속에 거위가 나오지 못하고 갇혀 있다는 것이 제 생각이었습니다. 갇혀 있던 적이 없었어요. 처음부터 갇혔다는 것이 제 생각이었어요."

이것은 인문학적 설명이다. 화두에 낚여서 긴 시간을 고민하다 보면 그렇게 답을 내린다. 하지만 모든 화두의 본질은 내가 누구인지를 찾는 것이다. 자신도 모르게 스스로를 가두고 있는 관념이나 가치를 모두 내려놓아야 한다. 또 그런 생각조차도 모두 끊어내야 한다.

갇힌 적이 없었다고 해서 삶이 달라지지 않는다. '아~ 내가 갇힌 적이 없는데 갇혀 있다고 생각했네.' 이것으로는 부족하다. 마음공부를 열심히 하고 화두를 참구해서 알았으면 삶이 달려져야 한다.

"어떤 개념이 나를 갇히게 했는지 알 수 있습니까? 어떤 생각에 내가 갇혀 있었는지 알 수 있습니까?" 이렇게 되물으면 모른다. 화두 속에 빠져 있어서는 절대 알 수가 없다. "갇혀 있다는 것이 내 생각이라고 말하는 그자의 정체를 아십니까? 당신은 누구입니까?" 또 물어도 모른다는 것이다.

이 화두를 풀게 되면 내가 어디서 왔으며, 또 어디로 가며, 어떻게 살아야 하는지 알 수 있다. 하지만 누군가 이 화두를 스스로 안다, 풀었다 하더라도 내가 누구인지 알지 못하면 풀지 못한 것이다.

남전이 육긍 대부를 불렀다.
"대부여!"
육긍이 반사적으로 대답하니 남전이 빙그레 웃으며 소리쳤다.
"벌써 나왔소!"
육긍이 이 말에 단박 깨달았다.

이것은 "도가 무엇입니까?" 하니 손가락으로 톡톡톡 탁자를 두드리거나 주먹을 들어 보이는 설법과 통한다. 다르게 말을 하자면 보는 그것이 나고, 듣는 그것이 나며, 이해하는 그것이 나다. 나왔다고 아는 그것이 나라는 말이다.

이 화두라는 것은 알면 아주 간단하지만 알지 못하면 죽을 때까지 풀 수 없다. 이것은 논리적 생각으로 풀 수 있는 것도 아니고, 답을 곧장 말한다고 해서 도움이 되는 것이 아니다. 스스로 분별, 망상을 그칠 때 나를 볼 수 있다.

우리가 경험하는 고통의 본질은 무엇인가?

흔히 이 세상을 고해(苦海)라고 한다. 고통의 바다라는 뜻이다. 허리가 아픈 사람은 늘 아플 것 같지만 그렇지 않다. 오랜만에 반가운 친구를 만나서 얘기할 때는 아픈 줄 모르다가 집에 오면 다시 아프기 시작한다. 또, 잠잘 때는 편히 자다가 잠깨서 생각하면 또 아프다. 생뚱맞은 소리 같지만 누구나 이런 경험을 한다.

잠이 깨서도 잠을 잘 때도 똑같이 나는 존재하는데, 잠이 깨면 고통이 있고 잠이 들면 고통이 없다. 고통의 실체는 무엇일까?

고통은 잠이 깨서 내가 존재한다는 생각이 들 때만 있다. 잠이 깨고 난 뒤 세탁기를 돌려야 하고, 오후 진료를 받아야 하고, 돈을 벌어야 하는 '나'라는 생각이 들 때 고통이 있다.

잠이 들면 우리는 아무 생각 없이 평화롭게 잘 수 있다. 자신의 마음을 고통에 두지 않기 때문이다. 지병이 있거나, 자식이 대학에 떨어지거나, 직장이 불안해도 거기에 마음을 두지 않을 때는 고통이 없다. 그런데 잠이 깨서 이 현상계에 내가 있다는 생각이 가닿을 때만 온갖 걱정으로 밥맛도 없어진다.

고통의 근원은 마음이다. 옆집에 초상이 나면 당사자를 제외한 다른 사람들은 고통이 없다. 그쪽에 마음을 두지 않기 때문이다. 내가 몸을 다쳐도 종일 고통이 이어질 것 같지만 그렇지 않다. 마음을 둘 때만 고통이 있고 중간에 급한 일이 있어 마음을 다른 쪽으로 빼앗기면 고통이 없다. 이것이 고통의 실체이다.

젊은 시절, 45일 국토 종주를 한 적이 있다. 새 등산화를 신고 걷는데 땀이 나니까 오른쪽 발에 물집이 생기기 시작했다. 한 달이 지나고 보니 11개의 물집이 보였다. 내일은 집으로 가야지, 또 내일은 가야지. 이렇게 다짐하면서 계속 걷던 어느 날 왼쪽 발에 더 큰 물집이 생긴 것을 발견했다. 그 순간 마음이 왼쪽 발에 기울면서 더 고름 덩어리가 생기고 너무 아팠다. 오른발은 더 이상 아프지 않았다.

《화엄경》에 "일체유심조(一切唯心造)"라는 말씀이 있다. 모든 것은 오직 마음이 지어낸다. 육체적인 고통과 정신적인 고통의 본질은 마음이다. 나이가 많아서 살아갈 날이 많지 않다는 것도 마음이다. 깨닫고 보면 태어남도 없고 죽음도 없다는 것을 아는 것도 마음이다. 내가 이 순간에 존재한다는 것도 마음이 안다. 그 마음을 알아야 한다.

육체의 고통은 없다

이 세상은 온갖 고통이 넘쳐난다. 고통은 현상적인 차원에서 보면 분명히 존재한다. 그런데 우리는 그 본질이 무엇인지 한 번도 생각해 보지 않는다.

작업 중 망치질을 잘못해서 엄지손가락을 때리면 즉시 아프다. 손톱이 깨지고 피가 나는 순간, 고통이 있다고 생각한다. 그런데 망치로 열 번, 스무 번 때려서 손톱이 깨지고 피가 나도 거기에 고통은 존재하지 않는다. 우리 몸은 스스로 생각하고 인지하는 능력이 없다. 본질적으로 몸은 마음이 접목되지 않으면 그저 나무토막과 같다. 누군가 기절을 하면 옆에 가서 발로 차거나 모욕적인 말을 하더라도 전혀 반응하지 않는다.

손톱에 자극이 오면 전화선 같은 감각신경을 통해 뇌로 정보가 전달되고, 뇌는 이것을 판단해 명령을 내리게 된다. '아! 손톱이 깨져서 피가 나는구나. 피가 나면 죽을 수도 있으니 빨리 치료해야 한다.' 그러면 즉시 통증이 시작된다. 만약 자극 정보를 받은 뇌가 명령을 내리기까지 시간이 10분 걸린다면,

그동안 손톱이 깨진 채로 있어도 전혀 통증이 없게 된다. 그 반응이 너무 순식간에 일어나니 우리는 손톱이 깨질 때 즉시 거기에 고통이 있다고 느끼는 것이다.

그럼 고통은 손에 있는 것일까? 아니다. 뇌에서 신호를 보내주지 않으면 통증은 없기 때문이다. 그러면 뇌에 있는 것일까? 그것도 아니다. 망치에 깨져 피가 나는 곳은 손톱이기 때문이다. 그렇다면 고통은 어디에 있는 것일까? 우리는 불교 경전에서 고통은 없다고 하니 그저 그런가 하고 짐작할 뿐이다.

모든 고통은 마음에 달려 있다. 내 마음이 깨진 손톱에 가 있을 때만 고통이 있다. 이것이 고통의 본질이다. 그렇다면 마음이 다른 데 가면 고통을 잠깐 잊어버리는 것이 아닐까? 아니다. 망치에 깨진 손톱이 진짜 고통이라고 하면 내가 마음을 딴 데 두고 있더라도 고통이 있어야 하지만 마음을 딴 데 두면 고통이 없다. 내 마음이 다른 데 있거나 말거나 고통이 항상 그 자리에 있다고 생각하는 것은 오류이다.

북한에서 연평도를 포격한 사건이 있었다. 폭탄이 날아오고 집이 부서지고 몇몇 군인들이 다쳤다. 상황이 수습된 후 부상병들이 병원에 입원했는데, 그들은 처음엔 자신이 다친 줄을 몰랐다. 정신을 차리고 대응하려고 총을 잡았는데 툭 떨어지더라는 것이다. 급한 마음에 잘못 잡아서 그런가 싶어 다시 잡아 올렸는데, 또 떨어졌다. 그제야 살펴보니 손가락이 몇 개가 날아가고 없었다. 위급상황이라 대응 사격하려는 총에 마음이 있었기 때문에 실제 손가락이 날아가도 고통이 없었다. 포격에 놀라서 그 고통을 잠시 잊어버린 것이 아니다.

지금 아프지만 원래 고통이란 없다. 모든 고통은 마음이 가서 그곳에 있을 때만 느껴진다. 이것이 고통의 실체이다. 이것을 알고 한 걸음 물러나서 자신의 고통을 들여다볼 줄 알아야 한다. 현명한 사람은 고통이 단지 우리의 생각뿐임을 안다.

마음의 고통은
없는 것이다

 키도 크고 인물도 좋은 우편배달부가 있었다. 정년이 되어 마지막 배달을 하던 날도 오토바이를 타고 와서 밝은 얼굴로 인사를 하고 갔다. 그리고 잊어버리고 있었다.
 "저 알겠어요?"
 "……."
 "예전 우편배달부입니다."
 어느 날 퀵서비스를 시작한 그가 다시 나타났다. 예전과 달리 많이 변해 있었다. 그는 오랜만에 자기 말을 들어줄 사람을 만난 듯 반가운 표정으로 그간의 사정을 들려주었다. 정년을 한 뒤 몇 달을 놀다가 뭐라도 해야겠다 싶어 퀵서비스를 시작했는데, 불경기라 갈수록 힘이 든다고 했다. 그러면서 어느새 우편을 배달하던 때가 그리워진다고 했다. 늦은 밤에도 하루 물량을 다 돌려야 했고, 주말에도 택배 정리하느라 쉬지 못해서 일을 빨리 그만두고 싶었는데, 지금 생각해 보니 그때가 제일 좋았다는 것이다.

'지금 내가 우편배달을 할 수 있어서 너무 좋다!'
그는 그때 왜 이런 생각을 하지 못하고 투덜댔던 것일까? 즐겁게 일해도 될 것을, 힘들다고 생각하면서 왜 고통을 받고 산 것일까?

이삿짐 나르던 친구가 보험 영업을 하게 되었다. 육체적으로 힘든 노동보다 좀 낫겠지 싶었지만, 그것은 정신적으로 더 힘들었다. 수입도 줄어 아내와 다투기까지 했다. 그래서 8개월 만에 이삿짐 나르는 일을 다시 시작했다. 친구들 모임에서 그가 이런 말을 했다.
"내 키보다 크고 무거운 냉장고를 등에 지고 각도를 숙여서 계단을 척척 올라가는데, 너무 즐겁더라. 5층까지 땀은 비 오듯이 쏟아지는데도 상쾌하기 짝이 없더라."
그전에 일할 때는 힘들어서 맨날 그만두고 싶었는데 지금은 너무 즐겁다는 것이다. 이렇게 우리는 지금 힘들다 생각하지 않아도 되는 것을 괜히 힘들다 생각해서 고통스러워하는 것은 아닌지 돌아봐야 한다.

고3 수험생이 있었는데, 공부는 왜 해야 하는지도 모르겠고 부모가 시키니까 마음이 맨날 힘들었다. 놀지도 못하고, 게임도 못 하고, 영화도 못 보고, 친구들이랑 잡담도 못 하고 미칠 지경이었다. 그래서 죽고 싶은 생각이 들기도 했다.

세월이 흘러 그가 결혼해서 직장 생활을 시작했다. 지금은 아내 눈치를 봐야 하고, 아이들 장래도 대비해야 하고, 또 직장에 가면 실적 걱정을 하는 지경에 이르렀다. 술을 마시면서 그가 이런 푸념을 했다.

"가만히 생각해 보니 고3 때가 제일 좋았다. 그때는 오직 공부 하나만 하면 아무 걱정이 없었다. 공부만 하면 부모님이 돈이든 옷이든 신발이든 원하는 것을 다 주셨으니까. 아, 내가 수험생이라 너무 좋다, 공부만 하면 되는구나! 이것을 그때는 왜 몰랐을까?"

돌이켜 생각해 보면 그때보다 더 좋은 시절이 없었다는 것이다. 그때에도 없는 고통을 마치 있는 것처럼 만들어서 힘들어했다.

육십인 친구는 엊그제 서른 살이었는데 벌써 나이가 육십이라 서글프다고 한다. 그런데 10년쯤 지나면 그는 이런 푸념을 하고 있을 것이다.

"육십 그때가 제일 좋았다. 지금은 지팡이 없으면 출입도 못 하고, 하루에도 약을 한 주먹씩 먹지 않으면 살 수 없어."

우리는 지금 내 나이가 너무 많다고 생각한다. '육십이라 너무 좋다.' '칠십이라 너무 좋다.' 이렇게 긍정적으로 생각하면 된다. 병으로 누워 있는 사람은 자식 걱정, 남편 걱정, 사업 걱정 전혀 못 한다. 오직 내가 아픈 데 빠져 있다. 그러다 병이 나으면 다시 마음에 없는 걱정을 있는 것처럼 착각해서 살아간다. 내가 가진 모든 걱정은 내 마음이 만드는 것이다.

정주영 회장이 현대중공업 초창기 때 밤낮없이 일하며 세계를 다녔다. 그런데 그분은 주인의식이 있어서 그렇게 일해도 힘들지 않았다. 주인은 휴일에 일해도 힘들지 않다. 그런데 밑에 일하는 종업원의 마음을 갖고 있는 사람은 휴일에 쉬고도 힘들어한다.

어쩌면 우리도 종이나 노예의 마음을 가지고 있기에 힘든 것이 아닐까? 여자들은 맞벌이를 하니까 퇴근해서 집에 가면 쉬지 못하고 밥하고 요리를 한다. 그런데 아내가 종이나 노예의 마음보다도 주인의 마음이면 그 요리하는 시간도 힘들지 않을 것이다. 귀족의 딸로 태어나 당시에 가장 천대받던 간호사가 되어 아프고 병든 이를 위해 헌신했던 나이팅게일은 전쟁터에서 부상병들을 돌보며 아주 활기찬 마음으로 일했다고 한다. 자신이 사랑을 베풀어도 전혀 돌려받지 못한다는 것을 알았지만 주인의 마음으로 임했기 때문이다.

똑같은 상황을 두고 즐겁다고 생각할 것이냐? 고통스럽다고 생각할 것이냐? 또는 주인의 삶을 살 것인가? 종이나 노예의 삶을 살 것인가? 선택지는 두 개뿐이다.

우리는 왜 항상 자기 생각에 속는 것일까? 자기 생각과 감정에 속아서 없는 고통을 진짜 있는 것처럼 만들고 힘들어하는 것일까? 모든 고통은 내가 마음먹기에 달려 있다.

이 마음이 곧 부처이며
부처가 곧 중생이다

지금 내가 눈을 떠서 살아 있는 이 존재함이 이미 부처이다. 조사 스님들은 이렇게 말한다.

"이 마음이 곧 부처이며 부처가 곧 중생이다. 중생이라고 해도 이 마음은 줄어들지 않으며 부처라고 해도 이 마음은 늘어나지 않는다."

우리는 지금 이대로 완전하다. 이대로가 전혀 부족하지 않은 깨달음의 상태인데 다만 모를 뿐이다. 우리는 백팔 배를 하거나 삼천 배를 하기도 하고, 많은 경전을 읽거나 참선하며 정진한다. 우리의 이런 수행이 옳았다면 진즉 깨달음을 얻었어야 하는데 그렇지 못했다.

옛 스님들은 깨달음이 밥을 먹는 것보다, 손바닥을 뒤집는 것보다 쉽다고 했다. 수시로 변하는 밖을 보지 말고 변함없는 내 안을 보면 된다.

나도 살아 있고 다른 사람들도 살아 있으면 모두 부처라는 말이다. 원래 지혜가 구족되어 있기 때문에 깨어나면 바로 내 고통의 정체도 알게 된다.

깨달음이라는 것이 특별할 게 없다. 수행을 통해 육바라밀을 닦고 공덕을 쌓아야 부처가 되는 것이 아니다. 키 작은 그대로, 못난 그대로, 나이 든 그대로, 젊은 그대로 이미 부처이다. 병이 들든 건강하든 지금 이대로가 부처이다.

그런데 왜 스스로 부처인지 모를까? 상(相)에 집착해서 밖에서 부처를 찾기 때문이다. 온갖 생각 속에서 길을 잃었을 뿐이다.

"지금 이대로가 아무 일 없는 그 자리였구나."

많은 사람이 깨어나면 한결같이 이렇게 말한다. 오직 찾으려는 그 생각만 쉬면 된다.

참나를 알아야
고통에서 벗어난다

 부처님은 《반야심경》에서 "무고집멸도(無苦集滅道)"를 말씀하셨다. 핵심은 고통이 없다는 것이다. 우리가 느끼는 육체적인 고통이나 정신적인 고통은 사실 없는 것을 있다고 한다. 본질적으로 고통은 없다.

 고통은 육체가 나라는 인식이 될 때만 있다. 잠이 들었을 때는 설사 병을 앓고 있다 하더라도 너무도 평온하게 잠을 잔다. 또한 집안에 우환이 있어도 잠이 들면 걱정, 근심이 없다. 그러나 깨어나서 육체가 나라는 생각이 들 때 고통을 느끼게 된다.

 똑같은 상황에서도 누구는 굉장히 힘들어하고 누구는 별로 힘들어하지 않는다. 고통이 실체가 있으면 똑같이 느껴야 하는데, 누구는 크게 느끼고 누구는 작게 느낀다면 고통은 내가 느끼기 나름이라는 것 외에 다른 것이 없다.

 설사 큰 병에 걸렸어도 수술해서 살 수 있다면 그 수술이 그렇게 힘들지 않다. 몸에 문신하는 것도 바늘로 수만 번을 찌르는데, 문신을 좋아하는 사람은 기꺼이 받아들인다. 사실 몸을 바늘로 수만 번을 찌르면 고문이다. 그런데 바늘로 찌를수록 아름다운 무늬가 나타난다는 생각을 하면 큰 고통으로 느끼지 않는다.

우리는 각자가 만든 세상 속에서 살아간다. 하나의 세상 속에서 모두 같은 삶을 살 것 같지만 정말 다르다. 어떤 사람은 폐소공포증으로, 어떤 사람은 대인기피증으로 자기 세상에 갇혀 산다. 어떤 사람은 남편이 죽어서 슬프고, 어떤 사람은 아들이 태어나서 기쁘다. 어떤 사람은 아들이 대학에 합격해서 즐겁고, 어떤 사람은 늙어서 괴롭고, 어떤 사람은 손주 보느라고 힘들지만 보람을 느낀다. 모두 다른 세상에 살고 있다.

하지만 이 세상을 바라볼 때는 단순하게 봐야 한다. 그렇게 해야 본질을 볼 수 있다. 만약에 한쪽 눈이 실명됐다면 너무도 고통스럽다. 그런데 질병으로 두 눈을 잃을 뻔했는데 한쪽 눈을 보게 됐다면 얼마나 큰 광명인가? 이렇게 생각하면 내가 처한 상황이 더 이상 고통이 아니다. 경제적으로 어려워서, 건강하지 못해서, 키가 작아서, **빼빼**해서, 뚱뚱해서, 자식이 어때서 하는 온갖 것들도 생각만 달리하면 얼마든지 고통에서 **빠져나올** 수 있다.

알고 보면 내게 다가오는 모든 일은 하나의 뿌리에서 나왔다. 옳다 그르다, 작다 크다, 성공했다 실패했다 등은 전부 같은, 하나의 마음에서 나온 것이다. 그 하나의 마음을 통찰하는 것이 깨달음으로 가는 길이다.

고통 속에서 헤어 나올 수 있는 중요 지점은 바로 에고인 '나'를 극복하고 하나인 큰 '나'를 찾는 것이다. 이 삼라만상에 나를 붙이지 않으면 그 어디에도 고통이 존재하지 않는다. 우크라이나 전쟁이 나서 사람들이 몇만 명씩 죽어도 우린 별 고통이 없다. 그러나 그 전쟁에 내 자식이 들어갔다면 고통이다. 나라는 것 때문에 고통이 있다. 나라는 생각이 들어가면 고통이 시작되고, 근심이 시작되고, 슬픔이 시작된다. 나만 빠지면 아무런 문제가 없다. 즉, 나의 근원을 들여다보라는 것이다.

나의 근원은 전체인 참나다. 참나는 언제나 나의 가슴 속에 있다. 또한 참나는 깃들지 않은 곳이 없다. 나팔꽃, 단풍, 호박, 친구 영수에게도 있다. 우리는 참나가 깨끗하고 예쁘고 살아 있는 것 속에만 있을 것 같지만 그렇지 않다. 내 눈에 보이는 모든 것은 다 참나의 나타남이다. 잘생기거나 못생기거나, 상처가 있거나 없거나 상관없이 그대로가 참나다. 이 전체가 참나다. 이것을 알면 모든 고통에서 벗어날 수 있다.

참나는 찾는 자만이 찾을 수 있다. 참나에 관심 없는 사람들은 죽을 때까지 살아도 참나를 알 수 없다. 참나는 모두의 가슴 속에 있는데 찾지 않아서 찾지 못하는 것이다. 마음만 먹으면 반드시 찾을 수 있다.

우리가 찾고자 하는 본성, 참나는 우주를 가득 채우고 있기도 하지만 사실은 이 우주를 초월해 있다. 우리의 감각기관으로 볼 수도 만질 수도 없지만 이 세상에 보이는 온갖 것들은 본성, 참나의 나타남이다.

보는 자가 있어야
보이는 대상이 있다

깨달음이라는 것은 내 사고를 다르게 해야 가능하다. 우리는 언제나 여기에 컵이 먼저 있고, 있는 컵을 내가 본다고 생각하기 때문에 절대로 깨닫지 못한다. 여기 있는 컵은 언제나 내가 존재할 때만 보인다.

그런데 내가 존재하려면 참자아가 있어야 한다. 참자아는 눈에 보이지 않는다. 여기에 컵이 있다고 하는 것은 참자아의 나타남이다. 또 노란 꽃이 있다고 하는 것도 참자아의 나타남이다. 참자아, 보이지 않는 그것이 나타났기 때문에 이것들의 근원 역시 보이지 않는 것이다. 그러므로 이 컵도 꽃도 허상이다. 진짜 상이 아니다. 참자아가 만들어 낸 것들이다.

우리는 자신이 죽어도 이 세상이 있다고 여긴다. 자신이 죽어도 정원의 소나무나 아끼던 수석이 남아 있을 것이라 생각한다. 그런데 내가 지금 살아서 참자아가 활동할 때 그 말을 한다. 기절했다가 깨어난 후에도 이것들은 나와 상관없이 여전히 있었다고 하지만 그 말도 깨어나서 하는 말이다. 본질을 말하자면, 내가 보지 않을 때는 그것이 있었는지 없었는지 모른다.

'보는 자'가 있어야 '보이는 대상'이 있다. 이 말이 진짜 깨달음이다. 보는 자가 없으면 보이는 세상도 없는 것이다. 그런데 우리는 내가 없어도 이 컵은 있었고, 있던 것을 내가 본다고 잘못 생각한다. 삼라만상은 보는 자, 즉 내가 있을 때만 있다. 보는 자가 없는데 어떻게 현상계가 있겠는가?

우리는 꿈을 꿀 때, 그 속에 들어가 있거나 보는 자로 등장하여 꿈속 세상을 본다. 꿈꿀 때 마음에 안 드는 시누이를 누가 만들었을까? 다투는 시어머니를 누가 만들었을까? 바로 내가 만들었다. 그런데 우리는 이렇게 푸념한다. "아니요, 나하고 상관없는 사람 만나서 내 팔자가 사나워요."

지금의 현실이 꿈과 똑같다. 친구도 있고, 차도 있고, 시장도 있지만 그것들을 있게 한 주인공은 언제나 나다. 꿈 전체가 바로 나이기 때문이다. 지금 눈앞의 이 컵도 나 때문에 있다. 지금 내가 보니까 있는 것이다. 보는 자 없이 보이는 사물은 없다.

컵을 보면 딱 인식하는 그것이 있다. 나라는 생각을 빼고, 내가 본다는 생각도 빼고, 그냥 안다. 이렇게 저절로 아는 것, 그것이 우리가 찾고자 하는 그것이다. 그것이 있어야 내가 살아 움직인다.

지금 비행기가 소리가 들린다. 이 소리는 귀가 듣는 것이 아니고, 내가 듣는 것이 아니고, 듣는 그것이 듣는다. 지금 살아 있는 이대로 보고 듣고 하는 그것이 있다. 이렇게 보고 듣는 자가 누구인지 아는 것을 우리는 진리라 한다.

이 몸은
참나의 그림자입니다

 우리는 흔히 이 몸이 나라고 생각한다. 마음이 있는 줄은 아는데 그것은 보이지 않으니 잘 모르겠고, 막연하게 그냥 드러나 있는 이 몸이 나인 것 같기 때문이다. 그렇게 여기기 때문에 나를 찾지 못한다.

 우리 몸은 참나의 그림자이다. 우리는 몸이 잠만 들어도 세상을 알지 못한다. 몸은 가짜이다. 그러나 가짜인 이 몸을 통해 우리는 참나를 확인할 수 있다. 소리를 듣고, 물체를 보고 생활을 하려면 몸이 없으면 안 된다.

 그러나 사실 보고 듣고 하는 것이 몸이 아니라 참나이기 때문에 몸이 가짜라고 우선 부정할 뿐이다. 참나를 찾고 나면 이 몸도 참나의 나타남이다. 눈앞에 있는 책상도 참나, 컵도 책도 모두 참나다.

 지금 이렇게 이야기하고 있는 것도 참나, 본성이 아니면 못한다. 내가 이야기하는 것이 아니다. 1분 전에 죽은 사람은 살아 있는 우리와 똑같이 뇌가 있고, 입이 있고, 눈이 있는데 왜 말을 하지 못할까? 우리가 지금 갖고 있는 참나, 본성이 연결되어 있지 않기 때문이다.

진짜 내가 아닌 이 몸은 그냥 고깃덩어리에 불과하다. 거기에 본성, 불성이 접목되면 그것이 내가 된다. 물론 몸도 나지만 진짜 나를 살아 움직이게 하는 근원적인 그 힘은 본성, 불성이다. 나는 불성의 나타남이다. 지금 이대로가 부처의 나타남이라는 것이다.

하지만 우리는 몸만이 나인 줄 알기 때문에 몸이 영원히 사라지는 죽음을 두려워한다. 본질적으로 죽기 싫은 마음은 에고의 마음이다. 진짜 내가 누구인지 알고 죽음의 본질을 깨달으면 몸에 대한 집착과 망상에서 벗어나 여여한 삶이 된다.

참나 위에 펼쳐지는 이 세상은 꿈과 같고, 환상과 같고, 물거품과 같다. 우리가 꿈속에서 꿈인 줄 알면 목매 죽을 것이 아니라 꿈을 깰 때까지 즐기면 된다. 힘들면 쉬어가고, 누가 아프면 돌봐주고, 맛있는 것 있으면 나누어 먹고, 꿈 깰 때까지 행복하게 살면 된다. 그러면 싸울 일도 서운할 일도 없어진다.

에고는
참나의 나타남입니다

　여기 죽비가 있다. 그런데 죽비라고 하자니 나무를 어긴 것이고, 죽비가 아니라고 하자니 이것의 용도는 죽비가 맞다. 그래서 죽비라고 해도 맞지 않고, 아니라고 해도 맞지 않다.

　우리는 이것은 옳고 저것은 틀렸다고 배운 대로 인식하고, 그것이 진리라 믿고 각자의 분별 속에서 살기 때문에 고통 속으로 더욱 빠져든다. 그런데 이런 분별을 내려놓고 세상의 본질이 참나인 줄 알면 바라보는 관점이 바뀌면서 밉다, 즐겁다, 슬프다고 하는 것이 내 생각의 나타남인 줄 알게 된다. 첨단과학 기술이 발전을 거듭하는 이 세상도 모두 참나의 나타남일 뿐이다.

　불교에서 참나를 공(空)이라고 한다. 삼라만상은 공의 나타남이다. 공, 이것 외에 다른 것이 없다. 우린 이 공을 볼 수도 만질 수도 없지만 에고가 끊임없이 활동하는 가운데서 확인할 수 있다. 살아 움직이는 원동력이 바로 공이기 때문이다.

　우린 에고를 가짜라고 하지만 깨닫고 나면 에고도 참나다.

에고가 있는 동안은 내 삶을 살아야 하기 때문에 참나의 나타남이라고 하는 것이다. 그래서 나는 에고이자 참나. 에고가 바로 참나의 나타남이라는 것을 알고 사는 사람은 세상의 이치와 흐름을 이해한다.

이 공부를 하면 달라지는 점이 있다. 깨닫기 전에는 '아, 내 삶이 힘들고 고통스럽네. 왜 이렇지?' 하고 세상 속에 함몰되지만, 깨닫고 보면 제3자처럼 '나한테 또 이런 일이 있네.' 하고 한 걸음 물러설 수 있게 된다. 에고를 가지고 세상 속에는 있되, 한 발은 참나에 걸치고 살아간다는 것이다.

가장 지혜로운 것은 내가 영화에 출연한 주인공처럼 사는 것이다. 그 이야기의 역할을 맡은 것뿐이지 진짜 그런 것은 아니듯이. 그렇게 여기고 살다 보면 훨씬 덜 고통스럽고, 덜 화나고, 덜 짜증 나는 게 확실히 느껴진다.

'아, 전체가 다 나네.'

이렇게 본성의 자리를 아는 것은 똑같은데, 그것을 내 것으로 만들고 적용하는 것은 사람마다 다르다. 에고의 마음으로 사는 사람은 욕망을 충족하면 행복해질 것이라 믿지만, 에고가 참나의 나타남이라는 것을 알고 사는 사람은 나다운 삶의 현재 모습에서 내면의 행복이 채워질 것이라 믿는다.

살아 있는 이대로가
부처이다

꿈을 꾸는 동안에 나는 개체인데, 꿈에서 깨어나면 그 꿈 전체가 나다. '이 세상이 꿈이라고 하면 이 전체가 내 꿈일까? 남의 꿈일까? 또한 꿈 전체가 나일까? 아니면 개체일까?' 이렇게 생각하는 것이 통찰이다. 그래서 '내가 전체가 맞네!'라고 알면 깨달음은 끝이다.

본질적으로 시간을 보면 과거도 미래도 없고 현재만 있다. 우린 과거의 기억을 언제 할까? 지금이다. 2,500년 전 설파하신 부처님의 말씀을 언제 들을까? 지금이다. 우리 애가 초등학교 때 운동했다는 말을, 이순신 장군이 명량해협에서 열두 척의 함선으로 일본 수군을 격퇴했다는 말을 바로 지금 하고 있다. 미래의 이야기를 언제 할까? 100년 후에 대한민국이 세계를 제패할 것이라고 할 때, 그 말을 100년 후에 할까? 모두 지금 말하는 것이다.

어젯밤에 신랑이랑 싸워서 어젯밤이 있을 것 같아도, 싸웠다는 것을 말하는 시점은 지금이다. 꿈에 남편이랑 싸웠는데 깨고 보면 싸운 일이 없듯이 지금이 바로 꿈이다. 남편이랑 다툰 기억만 있을 뿐, 진짜로는 그런 일이 없다. 그런데 내가 있다고 하는 것이다.

우리는 이름과 형상을 떠나서 생활하기 어렵다. 어떻게 해야 꿈과 같은 세상에 속지 않고 가짜와 진짜를 잘 구별할 수 있을까? 그러기 위해서는 근원적으로 '이 세상이 내가 만든 세상이구나.'라는 것을 알아야 한다. 꿈을 꾸고 있는 동안에는 커피도 진짜이고, 남편도 진짜이고, 차도 진짜이고, 아파트도 진짜였다. 곰팡이도 진짜이고 배낭도 진짜였다. 그런데 만약 꿈속에서 꿈인 줄 알면 그것들이 내가 생각으로 만든 것인 줄 알게 된다.

마음공부가 막혀서 진전이 없으면 '이 세상이 꿈이라는데.' 하고 생각을 돌리면 좀 더 나아갈 수 있다. 만일 누구를 죽도록 사랑해서 목숨을 걸겠다 해도, 이 세상이 꿈인 줄을 알면 목숨 걸지 않아도 된다. 돈을 남겨서 내가 죽더라도 자식이 잘 살았으면 하는 바람도 이 세상이 꿈이라면 하지 않아도 된다. '이 세상이 꿈이라면 내가 지금 어떻게 행동할까?' 매사에 이렇게 접근하면 문제가 많이 풀린다.

지금 내가 살아 있다고 하는 이것은 에고이다. 에고가 하는 일은 배가 고프니 밥을 먹어야 하는데, 더 편해야 하는데, 오래 살고 싶은데, 아프면 안 되는데 하며 끝없이 나를 충동질하는 것이다. 참자아는 그 모든 생각이 일어나도록 하는 근원적인 마음이다.

참자아는 태어나기 전부터 있던 나다. 참자아라는 원래 나가 있었기 때문에 내가 태어났다. 지금 내 속에 원래의 참자아가 그대로 들어 있다. 이것은 내가 사는 동안 그냥 가만히 있지만 내 생명력의 원천이다. 이것이 없는 사람은 지금 이 순간 살아 있을 수가 없다.

기절했을 때도 참자아가 있기 때문에 흔들면 깨어난다. 꿈도 꾸지 않는 아주 깊은 잠이 들었을 때도 아무 걱정도, 근심도 없는 상태로 언제나 그대로인 것이 참자아이다. 지금 이렇게 말을 할 때도 내 속에 근원적으로 있는 것이 참자아이다. 이것은 에고가 걱정, 근심에 휩싸여도, 누군가 미워서 살인을 해도 그냥 가만히 있다. 이것은 좋다 나쁘다는 개념이 없이 언제나 그대로 있다.

이 참자아를 불교에서는 부처라고 한다. 참자아는 미워하거나, 시기하거나, 질투하거나, 열등감이 있거나, 자존감이 높거나 그런 것이 없기 때문이다. 지금 살아 있는 이대로가 이미 부처이다. 우리는 참자아, 그것을 따로 꺼내 써야 하는 줄 알고 있지만 그것이 아니다. 우리가 살아 있는 자체가 참자아, 부처이다.

나고 죽음이 열반이다

우리가 나고 죽고, 살아가는 이 모든 일들이 그대로 열반이다. 날마다 눈을 뜨면 근심이 떠나지 않고 어떤 사람이 마음에 들지 않아 미워 죽겠다 하는데, 그 모든 것들이 사실 열반이다. 마음공부를 해보면 정말 이대로 아무런 문제가 없는데 스스로 걱정을 만들어 고통받는 것을 알 수 있다.

불교에서는 흔히 '번뇌 즉 보리'라고 한다. 내가 가지고 있는 걱정, 근심, 미움과 원망 이대로가 깨달음의 상태라는 것이다. 번뇌와 깨달음은 같은 모습이다. 선과 악, 미움이나 사랑도 본질적으로 같은 데서 나온 것이다. 물론 육체를 갖고 살아가니 근심, 걱정이 있다. 그러나 거기에 빠지지만 않으면 된다.

황벽 희운 선사는 "범부는 경계를 취하고 도인은 마음을 취하지만 마음과 경계를 모두 잊어야 참된 법이다."라고 했다. 예쁜 여자를 보면 마음이 동하고, 더러운 똥을 보면 싫어하고, 금을 보면 가지고 싶어 하는 그 모든 것이 경계인데, 그 마음이나 내가 깨달은 후의 마음이나 똑같은 것이다. 우리는 살면서 언제나 그것을 나다 너다, 선하다 악하다 구별하기 때문에 문제가 된다.

우리가 지금 쓰고 있는 이 본성은 내 것, 네 것 따로 있지 않다. 금반지와 금비녀가 모습은 다르지만 똑같은 금인 것처럼 내 마음, 네 마음 다를 것 같아도 다르지 않다. 하나의 본성에서 나왔기 때문이다.

"아, 다 같네. 같은 하나에서 나온 것이네."

이것을 아는 것이 깨달음이다. 언제나 내가 남과 다른 개체라는 분별 때문에 갈등이 생긴다.

우리는 그동안 살아온 습(習)이 너무 깊어 이 자리를 알았다 하더라도 죽을 때까지는 노력해야 한다. 늘 같이 생활하는 부부간이나 형제간, 다른 관계도 근원적으로 같은 하나인 줄 알면 밉다가도 이해하고 받아들일 수 있다. 언제나 사랑할 수 있다.

몇 년 전에 있었던 일을 생각할수록 부끄럽거나 괴로운 것은 그때 내가 한 행위 때문이 아니다. 내가 그것을 쫓아가서 그 장면 속, 그 행위를 순간적으로 붙잡기 때문이다. 그것이 생각이다. 지나간 것은 나를 괴롭히지 않는데, 내가 쫓아가서 스스로 힘들게 하는 것이다.

편안한 마음으로 세상을 바라보는 관점이 바뀌면 표정도 달라진다. 그렇게 바뀌어야 내 운도 달라진다. 돈을 벌려고 해도 내가 마음이 넉넉해야 하는데, 꽁해서 경계하고 있으면 돈이 오다가도 달아난다. 내가 가지고 있는 마음가짐이 아무것도 아닐 것 같아도 사실은 내 삶의 전체이다.

지금 이렇게 떠들며 말을 계속하지만 사실 우리 본성은 절대 말을 한 적이 없다. 본래 나는 여자도 아니고 남자도 아니고 못생긴 것도 없고 늙었던 적도 없다. 세상 기준이나 에고의 눈으로 보면 내가 키도 작고, 돈도 많이 못 벌고, 못생겼다고 하는데 그런 것은 진짜 본질과 아무 상관이 없다.

우리가 찾고자 하는 그것은 언제나 완벽하다. 우주의 나이가 168억 년이라 해도 나는 그전부터 있었다. 또한 우주가 언제쯤일지 모르지만 소멸하더라도 그 뒤로도 나는 영원히 있다. 모든 존재가 나고 멸하는 이대로가 열반이다.

깨달음으로 가는 길, 본질은 같다

　우리는 모두 축구 경기에 열광한다. 만약 한일전을 하는 데 결정적인 순간에 일본의 반칙으로 기회를 놓치면 온 나라가 들끓는다. 일본 역시 반칙을 당해 자국 선수가 넘어지면 그 원성이 하늘을 찌른다. 반칙은 더없는 재미와 흥분을 유발한다. 그것은 자신들에게 불리하게 전개되는 경기의 흐름을 끊을 수 있는 절실한 선택이기도 하다.

　반칙이 없는 경기가 있다면 과연 흥미진진할까? 반칙이 없이 선수 나름대로 실력을 인정받는 경기가 과연 재미있을까? 반칙이 없는 스포츠는 없다. 또 경기 실력도 그날의 기운에 따라 들쑥날쑥 한다. 그래서 성패가 뻔한 경기도 결과를 장담할 수 없기에 우리는 짜릿한 긴장감을 더하면서 선수들을 응원한다.

　이 세상을 다스리는 천자는 인자하지 않다. 천자가 인자하면 나라가 망한다. 왕이 어질고 착하기만 해서 베풀어 주기만 하면 그 국가는 부도난다.

　흡연으로 매년 70,000명 넘는 사람이 질병을 얻는다. 국민의 건강만을 생각하면 담배를 팔지 말아야 한다. 알코올도 마찬가지이다. 알코올 중독, 간경화, 가정폭력, 음주 운전으로 많은 문제들이 발생한다. 정말 국민을 생각하면 술도 팔지 말아야 한다. 그렇지만 막대한 세수의 큰 수입원이기 때문에 담배도 술도 팔 수밖에 없다는 것이다.

누구나 천국을 가고 싶어 한다. 그런데 천국에 가면 누가 일을 해야 할까? 누군가는 밥 짓고, 청소하고, 설거지하고, 유지보수를 해야 한다. 그곳에 가면 일하지 않을 것이라고 하지만 더 열심히 일해야 한다는 것을 놓치면 안 된다. 다양한 관점으로 기존의 생각을 넘어서야 한다.

또 무엇이든지 한쪽으로 치우치면 안 된다. 세상에 착한 사람만 있다면 그 사회는 잘 돌아가지 않을 것이다. 나쁜 사람도 있어야 법과 질서를 바탕으로 한 정의 구현을 외칠 수 있다. 사업도 항상 번창할 수 없다. 잘나가던 사업이 망가지면 속상하지만, 다른 사람들에겐 역전의 기회가 되어 부의 이동이 이루어지면서 삶이 공평해진다.

이 세상은 양면이 공존해야 잘 돌아간다. 정의와 반칙, 양지와 음지, 부자와 가난한 자, 선과 악이 공존하는 것이 세상의 이치이다. 이 양면은 모두 하나의 뿌리에서 나온 것이다. 그 본질이 같다는 말이다. 본질이 같다는 것은 바로 공을 의미한다.

중도, 깨달음에 이르는 바른 견해

　부처님이 깨닫고 제일 먼저 한 설법이 중도이다. 이것은 괴로움을 소멸하고 지혜와 깨달음을 성취해 가는 구체적인 실천적 수행이기 때문에 매우 중요하다. 중도는 한쪽으로 치우치지 않고 세상을 바라보는 관점이다.

　우리는 세상을 보편적인 기준에 따라 분별하면서 살아간다. 옳다 그르다, 길다 짧다, 잘났다 못났다, 고요하다 시끄럽다 등등. 그런데 보편적인 그 기준들은 진리하고 전혀 상관이 없다. 81억 인구가 이러한 보편적인 기준으로 살아가기 때문에 아직도 깨닫지 못하고 있다.

　본질적인 면에서 보면 모든 가치 기준이라는 것은 그 뿌리가 같다. 같은 하나에서 나온 것인데 내가 분별심을 일으키는 것뿐이다. 이렇게 보는 것이 바로 양극단을 벗어난 중도적 관점이다.

　중도적 관점으로 보면 맞다 틀리다 하는 것은 같은 것이다. 똑같은 상황을, 내 마음이 하나는 긍정으로 보고 하나는 부정으로 본다. 또, 행복과 불행도 같은 것이다. 똑같은 상황을, 내 마음이 하나는 기쁨으로 느끼고 하나는 고통으로 느낀다. 상황이 달라서가 아니다. 현상은 똑같은데 내가 분별해서 달리 보는 것이다.

더럽거나 깨끗한 것도 같다. 깨끗한 것만 먹고 나오는 똥은 더러울 리가 없다. 단 것이나 쓴 것도 같다. 초콜릿이 아주 달면 쓰다. 추워서 얼어 죽는다고 하지만 이것도 한쪽으로 치우친 말이다. 에베레스트산을 등반하다 얼어 죽을 때 더워서 옷을 벗고 죽는 경우가 있다. 너무 추우면 덥다고 느낀다는 것이다.

또 수행을 하면서 무아를 주장하기도 한다. 그러나 있는 것도 없는 것도 아닌 것이 진리이다. 지금 내가 있는 것은 이 마음이 있기 때문이다. 에고인 내가 있다 할 때는 참나가 뒤로 숨는다. 깨어 있거나 꿈꿀 때, 잠들었거나 기절했을 때 언제나 바탕에 흐르고 있는 것이 바로 참나이고 공이다. 내가 있다 해도 이미 치우친 것이고, 없다 해도 치우친 것이다.

선과 악을 분별하는 것도 세상을 살아가는 가치 기준으로는 합당한 것이지만 한쪽으로 치우친 것이다. 자신에게 유리하면 선이고 불리하면 악이라 할 뿐이다. 음악을 듣고 아름답다는 것도 소리를 기억으로 연결해 그렇게 정의할 뿐, 아름다운 소리라는 것은 없다. 한쪽으로 치우친 기준으로는 절대 본질에 다가설 수 없다.

'지금 나는 있다고 생각했는데 본질적으로는 없네. 지금 없다고 생각했는데 내 마음만 있으면 있는 것이네.'

이렇게 한쪽으로 치우치지 않고 볼 수 있어야 한다. 이런 중도적 관점을 가져야 내 근원에 닿을 수 있다.

생각을 뒤집어라

생각의 틀을
깨야 한다

　우리는 수행을 하면 몸과 마음이 깨끗해진다고 여긴다. 더러워진 것이 깨끗해진다면 깨끗해진 것이 다시 더러워진다는 얘기다. 이것은 이치에 맞지 않다. 우리는 원래부터 깨끗해서 더러워진 적이 없다. 질투나 미움, 분노 등에 빠지면 자신이 더러워졌다고 생각하지만 언제나 깨끗하다. 탐욕스러운 사람도 이미 깨끗한 상태이다. 우리 생명은 이대로 깨끗하고 온전하다.

　날씨가 나쁘다는 것도 본질적으로 보면 좋은 것이다. 우리는 따뜻한 봄날에 김밥을 싸서 나들이를 갈 정도가 되면 좋은 날씨라 하고, 태풍이 불어 나무가 넘어지고 강물이 범람하면 나쁜 날씨라 한다. 그러나 몇 년만 좋은 날씨가 이어지면 세상은 가뭄으로 타들어 갈 것이고 동식물이 다 죽어갈 것이다. 자연에서 보면 볕이 따뜻하든, 매서운 바람이 불든, 강물이 범람하든 날씨는 항상 온전하다. 좋다, 나쁘다 하는 개념이 원래 없는데 우리의 유불리를 따져서 분별한다는 것이다.

밀림에서 사자가 사슴을 잡아먹는 것이 탐욕이고 죄악일까? 밀림에서는 그럴 수밖에 없다. 우리가 많은 동물을 잡아 고기를 취하고 살고 있지만 그것도 역시 자연스러운 일로 여긴다. 자연에서는 원래 탐욕이란 것이 없다. 그런데 우리 인간 사회에서는 타인의 것을 뺏고 욕심에 눈이 멀면 탐욕이라고 가르친다. 자연에서 볼 때 똑같이 남의 생명이나 귀중한 것을 취했는데 전자는 탐욕이 아니고 후자는 탐욕이라고 한다. 그렇게 생각하도록 교육받았기 때문이다.

국유림의 나무를 훼손한 사람을 관청에 고발할지 말지를 고민하는 분이 오셨다. 우연히 목격한 그 행동이 불법이라면 100년 전에도 500년 전에도 불법이었을까? 아니다. 그때는 합법이고 오늘은 불법이라면 그것은 진리가 아니다. 하지만 우리는 이 시대가 옳다고 하는 기준을 그냥 따르며 살아간다.

우리는 교육이 시키는 대로, 사회문화적 통념대로, 정해진 규율대로 생각하고 살아가고 있다. 그것이 현실적으로는 맞지만 그 안에 갇혀버리면 절대 나를 찾을 수 없다. 내가 누구인지 알고 싶다면 생각의 틀을 깨야 한다.

혹시 내가 사회가 만든 보편적인 가치라는 틀 속에 묻혀서 사는 것은 아닐까? 그래서 스스로 경계 아닌 경계를 만들고 나를 제한하고 구속하며 살아가는 것은 아닐까? 누가 이 생각의 틀을 강요했을까? 누가 내 존재의 자유를 박탈했을까? 이렇게 끊임없이 나를 돌아보고 질문해야 한다.

  그 누구도 나를 묶거나 구속하지 않았다. 내 스스로 내 결박을 만들었을 뿐. 우리는 이미 자유이고 해탈해 있으며 오염된 적이 없다. 탐진치도 원래 없는 것이고 불법도 애초에 없는 것이다. 나는 영원한 진리이다. 오늘의 진리가 어제의 진리가 아니라면 이미 그것은 가짜이다.

내 생각은
모두 틀렸다

　자존감이 낮은 한 친구가 죽으려고 마음을 먹고 인도로, 네팔로 헤매고 다녔다고 한다. 무엇이 그를 그토록 절망하게 했을까? 누군가 강요한 것도 아닌데 죽어 마땅한 사람이라고 스스로 자신을 비하한 것은 아니었을까? 누구나 바보처럼 자신에게 속고 살아가는 시간이 있기 마련이다. 그럴 때 자신이 믿었던 세상의 가치가 자신을 가두는 감옥이 되기도 한다.

　내가 누구인지 아직 찾지 못했다면 기존의 내 생각이 틀렸다는 것을 인정해야 한다. 바쁘고 치열하게 살아온 어느 구석에 자신을 팽개친 것은 아닌지 돌아봐야 한다. 더 이상 남의 생각을 끌어와 내 것이라고 착각하는 늪에 빠져서는 안 된다. 세상 사람들의 생각은 내 것이 아니다. 그래서 그동안 스스로 나를 가두고 살아온 삶이 행복하지 않았음을 돌아봐야 한다.

　지금 이 순간 존재하는 나는 누구일까? 앵무새같이 남의 말을 흉내 내지 말고, 남의 생각을 베끼지 말고, 순수하게 내가 주인인 내 생각을 찾아야 한다. 나를 구속하는 세상의 잣대를 버릴 때 내가 바뀐다. 그동안 내가 알던 나를 버릴 때 진정한 나를 찾을 수 있다. 교육을 통해 습득한 수많은 지식과 단편적 경험을 통한 인식, 그것들이 내 삶의 정답이라고 믿은 시간을 점검해 봐야 한다.

"오상아(吾喪我), 나는 나를 초상치렀다."

《장자》의 〈제물론〉에 이런 구절이 있다. 오(吾)는 본래 면목의 나를 가리키고, 아(我)는 살아오면서 만들어진 나를 가리킨다. 내가 믿은 가짜인 나를 죽이라. 그동안 만들어진 내가 죽어야 본래의 내가 새로 태어날 수 있다는 말이다.

내가 죽어도
세상이 남아 있을까?

내가 죽어도 이 세상이 남아 있을까? 아버지가 돌아가셨어도 아들인 내가 남아 있듯이 우린 자신이 죽어도 자손들은 남아 있으리라 짐작한다. 그리고 세상도 예전과 똑같이 굴러가겠지? 생각한다. 그런데 그렇지 않다.

돌아가신 아버지는 이 세상이 있는지 없는지 볼 수 없다. 언제나 살아 있는 나를 중심으로 돌아가신 할아버지를 생각하고, 돌아가신 아버지를 생각하고, 그리고 내 아이들이 남아 있는 세상을 본 것이다. 언제나 살아 있는 내가 판단하고 결정했다는 것, 이것이 생각의 오류이다.

아버지가 죽어서 어떻게 자식과 손자가 남아 있는 세상을 볼 수 있을까? 또 내가 죽어서 어떻게 내 자식이 남아 있는 세상을 볼 수 있을까? 단지 살아 있는 내가, 죽은 뒤에 세상이 남아 있을 것이라고 착각한다. 모든 것이 오로지 이 순간 존재하는 나의 생각일 뿐이다.

내 눈으로 보면 하늘도 있고 타인도 있다. 그래서 저기 하늘이 있다고 내가 말하고 타인이 있다는 것도 내가 말한다. 참새가 날아가는 것을 보는 것도, 내가 이 순간 존재한다고 느끼는 것도, 늙으면 죽을 것이라는 생각도 지금 살아 있는 내가 한다. 고통도 내가 느낀다. 행복도 불행도 내가 겪지, 타인이 겪지 않는다.

보는 자인 내가 언제나 현상계가 존재한다고 말한다. 현상계가 나를 보고 존재한다고 말하지 않는다. 모든 판단의 기준은 언제나 보는 자, 내 중심이다. 세상의 중심은 오로지 살아 있는 나다. 그래서 내가 무엇인지 아는 것이 중요하다.

사랑을 알고
결혼하나요?

 많은 부부가 사랑하며 살아가고 있지만 대부분은 그 사랑에 만족하지 못한다. "나는 많이 베푸는데 상대방이 덜 베푼다." 남편은 남편대로 아내는 아내대로 그렇게 말한다. 사랑에 서툰 사람들이다.

 그들은 자신이 준 것보다 더 많이 받지 못해서 행복하지 않다고 한다. 그런데 사랑은 준 것만큼 받는 장사꾼의 거래가 아니다. 장사꾼은 자신이 준 것만큼 받아야 손해를 보지 않는다고 생각한다. 그러나 사랑의 본질은 대가를 바라지 않는 마음이다.

 부부간의 사랑은 사랑의 주권이 어디에 있느냐에 따라서 다르다. 아내와 남편 서로에게 사랑의 주권이 있어서 서로 베풀어야 하는데, 두 사람이 사랑의 주권을 갖지 않은 채 서로 받으려고만 한다는 것이 문제이다. 그래서 서로가 사랑이 부족하다고 느낀다.

 반면에 부모가 자식에게 사랑을 줄 때는 사랑의 주권이 부모한테 있다. 그래서 부모들은 자식에 대해서 무한한 사랑을 베푼다. 마음과 물질을 있는 대로 주고도 전혀 아까워하지 않는다. 재산이 있으면 더 주고 싶어 하고, 설령 자식이 보답하지 않아도 섭섭해하지 않는다.

진정한 사랑이란 내가 누군가의 고통과 슬픔을 함께 느끼고 거기에서 벗어나게 해주려는 마음을 실천하는 것이다. 무언가 원해서 보상해 주거나 나의 욕구나 집착이 투영된 것은 진정한 사랑이 아니다.

인도에서 죽음의 집을 운영하던 테레사 수녀는 고통받는 사람들을 간호하면서 오직 끝없이 베푸는 사랑을 실천했다. 그녀가 보상을 바랐다면 절대 그 일을 지속할 수 없었을 것이다.

사랑의 본질은 똑같다. 부부간의 사랑이 여느 사랑과 다르다는 착각만 버리면 된다. 상대를 더 많이 사랑해 주어야겠다고 마음먹으면 된다. 사랑의 주권이 남편과 아내에게 각각 있다. 서로가 사랑의 주권을 가지면 된다. 아내가 무한한 사랑을 베푸는데 남편이 알지 못할 리 없고, 남편이 무한한 사랑을 베푸는데 아내가 알지 못할 리 없다.

특히 아내들은 사랑의 주권이 남편에게 있고 본인은 수동적으로 받아야 한다고 생각하는 경향이 있다. 그것은 잘못된 생각이다. 아내도 남편과 똑같이 사랑의 주권을 가져야 한다. 아내가 자식에게 하는 것과 같이 사랑을 베풀면 남편들은 아내에게 목숨을 바친다.

또 남편들도 이런 오해를 한다. "아내는 돈만 좋아하지, 나를 좋아하지 않아." 그러나 사실 아내들은 남편에게 사랑을 제대로 받지 못하니까 돈으로 그 허한 사랑을 메우려고 할 뿐이다. 아내들도 진정한 사랑이 그것이 아님을 안다. 남편들도 자식에게 하듯이 무한한 사랑을 주면 아내들은 진심으로 기뻐한다. 사랑은 끝없이 나를 내어주는 우주적 진리이다.

내 자로
남을 재지 말라

20년 전 도반들과 마음공부를 하러 다닐 때, 선생님께서 나를 부르시더니 자를 하나 주셨다. 이름도 생소했다, 버니어 캘리퍼스. 그것은 여러 가지 형태의 길이나 깊이를 0.05mm까지 아주 정교하게 잴 수 있는 도구였다. 생각을 정교하게 다듬으라는 뜻인가? 이런 어림짐작을 하며 도반들의 손톱 반월을 재미 삼아 재보기도 했다.

'선생님께서 왜 이것을 주셨을까?'

시간이 갈수록 궁금증은 더해갔지만 한참 동안 그 뜻을 알아내지 못했다. 분명히 깊은 뜻이 숨어 있을 거라고 추측만 할 뿐이었다. 그래서 책을 볼 때 옆에 두고, 잠을 잘 때 베개 밑에 두고, 외출할 때는 가방에 넣고 다녔다.

그러던 어느 늦가을이었다. 쌀쌀해진 날씨에 옷을 껴입고 산책하던 나는 깜짝 놀랐다.

"추울 텐데 왜 반팔을 입었지?"

무심코 그 행인의 옷차림이 계절에 맞지 않다고 판단하는 나를 발견했기 때문이다. 바로 그때 선생님의 뜻을 알아차릴 수 있었다.

'아, 지금까지 내 자로 남을 재면서 살아왔구나.'

그것을 깨닫고는 얼마나 기뻤는지 공원을 막 뛰어다니고 잔디에 드러누워 뒹굴었다. 선생님께서 어떻게 나를 꿰뚫어 보고 이런 선물을 주신 것인지 생각할수록 놀라웠다.

지금도 나는 버니어 캘리퍼스를 가지고 다닌다. 그리고 수시로 그것을 꺼내 보면서 내 자로 남을 재고 있지는 않은지 되돌아본다.

극과 극은 같다

 장작불을 피우다가 불꽃이 팔에 떨어지면 화상을 입는다. 아이스크림을 사면 녹지 말라고 차가운 드라이아이스를 넣어 주는데, 그것이 피부에 닿으면 또 화상을 입는다. 너무 뜨거워도, 너무 차가워도 화상을 입는다.
 생명이 되는 정자가 나오는 길이 사실은 오줌이 나오는 요도이다. 더러운 오줌이 나오는 그 요도로 생명의 씨앗이 나오는데 과연 더러울까? 아기가 태어나는 여성의 질은 항문 가까이에 있다. 성스러운 생명이 태어나는 곳이 똥 나오는 곳과 가장 가까이 있다. 더럽다는 것과 깨끗하다는 것은 본질적으로 같다. 우리가 그렇게 분별할 뿐이다.
 우리가 먹은 음식의 끝이 실은 똥이다. 과연 그 똥이 끝일까? 아니다. 나무에 똥거름을 주면 왕성한 생명력으로 열매가 주렁주렁 열린다. 똥은 끝이 아니고 생명의 시작이다.
 종교가 위로가 되고 위안을 주지만 아주 극단적으로 치우쳐 있다. 우리가 알고 있는 지옥이란 단어가 종교에서 나왔다. 종교 이전에는 지옥이라는 말이 없었다. 종교가 선을 추구하기도 하지만 가장 무서운 말로 협박하는 곳이기도 하다.

 이 세상에 불편한 느낌은 왜 있을까? 편함 때문에 있다. 편함은 불편함을 만든다. 우리가 편함을 추구하지 않으면 불편함이란 존재하지 않는다. 이 둘은 같은 뿌리에서 나온 것으로 그 본질이 같다. 우리가 편함을 추구하는 순간 바로 불편함이 옆에 붙어 고통이 시작된다.

 사랑하는 가족이 교통사고가 나서 다치면 우리는 슬퍼서 운다. 반면에 올림픽 경기에 출전한 선수들이 메달을 따면 너무 기뻐서 펄쩍펄쩍 뛰고 울음을 터뜨린다. 너무 슬퍼도 울고, 너무 기뻐도 운다.

 또한 사랑과 미움은 서로 다른 줄 알지만 그렇지 않다. 누구를 사랑하지 않으면 미움이란 것이 나오지 않는다. 내 아내가 바람이 나서 다른 남자와 가버리면 밉지만, 모르는 여자가 다른 남자와 사랑을 나누러 가면 밉지 않다. 내가 사랑하는 여인이 아니기 때문이다. 아내를 사랑하는 수치가 100이라면, 아내를 미워하는 수치 또한 100이 된다.

 우리는 죽음을 터부시하지만 죽음이 좋은 면도 있다. 이 세상에 죽음이 없다면 인간은 무엇을 먹고 살까? 소, 닭, 다슬기, 파, 배추 같은 생명의 죽음 덕분에 인류는 앞으로도 존재할 것이다. 파리의 죽음은 개구리의 삶으로 이어지고, 밀림 속 얼룩말의 죽음은 사자의 탄생으로 이어진다. 이렇게 모든 생명은 다른 생명의 죽음을 먹고 산다. 죽음은 삶과 하나로 이어져 있다.

이렇게 극과 극이 서로 통한다는 진리를 알고 자신을 돌아봐야 한다. 우리는 선과 악, 행복과 불행, 좋은 것과 싫은 것들을 분별하고 살지만 이것은 궁극적으로는 나와 너의 구분으로 확장되어 이 세상에 갈등을 부추기는 번뇌의 출발점이 된다. 이렇게 분별하고 차별하려는 잘못된 착각은 우리 마음이 만든 허구이다.

내 생각을 뒤집어라

　우리가 생각을 바꿀 때 우리의 삶이 바뀐다. 남보다 뒤처지지 않게 살아가려면 보편적인 개념과 상식이 필요하겠지만 이 순간 존재하는 내가 누구이며, 현상계가 무엇인지 알기 위해서는 상식적인 가치들을 뒤집어 볼 줄도 알아야 한다.
　우리는 여러 경험을 통해서 얻은 가치들이 맞는 줄 알지만 의심해 봐야 한다. 어떤 사람은 지나치게 술을 먹은 아버지의 기억 때문에 술을 먹지 않기로 작정했다. 또 어떤 사람은 부모님의 이혼 때문에 비혼주의자가 되기로 결심했다. 그들은 자신의 이러한 선택이 자신을 가두는 감옥이 될 줄은 몰랐을 것이다.
　마음공부를 하는 이유는 고통에서 벗어나기 위해서이다. 지금 내가 가지고 있는 생각들이 어쩌면 한쪽으로 치우친 것은 아닌지 되돌아보고 그 관점을 바꾸어야 한다. 고통이란 것은 생각에서 나온 환상일 뿐이다. 괴롭고 힘든 시간으로부터 자신을 지키기 위한 선택 역시 고통의 연장이 되면 안 된다.

이 세상은 아직 행복하고 즐거운 일이 더 많다. 내 존재의 가치는 무궁무진하고, 나는 아직 나를 다 발견하지 않았기 때문이다. 지금 알고 있는 것을 그때도 알았더라면 하고 뒤늦은 후회를 언제까지 반복할 것인가? 내가 만들고 싶은 내 삶의 의미를 찾으려면 내가 누구인지 아는 것이 우선이다.

학벌이나 지식이 높고 많아야 나를 찾는 것이 아니다. 존재의 근원인 나를 찾는 것은 이런 조건과는 무관하다. 내가 여자라면 여자가 아닐 수도 있겠다. 나는 행복하게 살고 싶지만 사실 행복하지 않을 수도 있겠다. 이 현상계가 실재라면 실재가 아닐 수도 있겠다! 나무에서 꽃이 핀다면 공기 중으로 꽃이 가서 붙을 수도 있겠다. 이렇게 그냥 자유롭게 생각을 뒤집을 줄 알아야 한다.

지금까지 내가 가진 모든 지식과 상식, 생각과 개념들이 맞았으면 이미 나를 찾았어야 한다. 그런데 아직도 나를 찾지 못한 것은 내 가치관이 적합하지 않다는 것이다. 그래서 이 세상을 바라보는 관점을 바꾸어야 한다.

생각을 뒤집는다는 것은 외면하고 지나쳐 버리는 진실을 직면하게 하는 힘이 있다. 무슨 생뚱맞은 말이냐고 반문할지 모르나 나를 찾으려면 무조건 다르게 생각해 볼 줄 알아야 한다. 남들이 추구하는 가치나 방식을 따라갈 필요는 없다. '나'는 오직 나만이 찾을 수 있기 때문이다.

내 생각은 무엇이 틀렸을까?

 스스로 불행하다고 생각하는 사람들은 주변 환경 탓을 많이 한다. 부모님을 여의어서, 아버지가 폭력을 행사해서, 집안이 가난해서, 어릴 때 왕따를 당해서, 사랑하는 연인과 헤어져서, 대학에 실패해서, 사업에 실패해서, 병에 걸려 언제 죽을지 몰라서 등등. 그런 원인 때문에 자신이 불행한 이야기의 주인공이 되었다고 생각한다.

 그러나 나를 불행하게 하는 것은 바로 나 자신이다. 스스로 부정적인 생각에 사로잡혀 내 삶을 고통스럽게 만들고 있다. 개인적인 이유나 변명이 있겠지만 자기만의 생각에 빠져 허우적거리고 있다. '이번 생은 틀렸으니 이렇게 살다 죽지 뭐.' 이렇게 체념하며 벗어날 생각이 아예 없다는 것이다.

 그래서 그들은 이 세상에 자신의 고통을 알아주는 이가 아무도 없다고 단정 짓는다. 오직 자기만의 생각에 갇혀서 어떤 위로의 말도 받아들이지 않고 자신은 내일도 슬퍼하며 절망할 뿐이라 한다. 그런 자신 때문에 가족이나 친구들이 얼마나 고통스러워하는지 꿈에도 모른 채.

선택지는 단 두 개뿐이다. 행복할 것이냐? 불행할 것이냐? 또는 기뻐할 것이냐? 슬퍼할 것이냐? 우리는 항상 불행할 것이나 슬퍼할 것을 선택한다. 어쩌면 오랫동안 불행해지는 방법을 선택하며 살아왔는지 모른다. 부정적인 것을 선택한 삶은 절대 행복할 수 없다.

내가 만든 생각의 틀 속에 갇혀 살아도 삶이 행복하다면 지금의 생각 그대로 가져가도 좋다. 그러나 지금 삶이 불행하다면 내 기존의 생각을 내려놓고 고민해 봐야 한다. 우리는 한 번도 자신의 생각이 틀렸음을 의심해 보지 않았으니 잘못 살아왔다는 것이다.

나를 찾는 길은 본질적인 것에 집중하는 단순함에 있다. 누가 나를 힘들게 하는지는 나만이 알고 있다. 내 인생의 오류가 무엇인지 내 존재만이 그 정답을 찾아낼 수 있다. 그 상황을 힘들다고 생각하는 이, '나'가 누구인지로 생각을 좁혀야 한다.

'내 생각은 무엇이 틀렸지?'

이렇게 돌아보면서 스스로 잘못 살아온 삶을 벗어나는 길을 찾아야 한다. 내가 가진 가치와 개념, 지식과 관념들은 정말 처음부터 끝까지 다 틀렸다. 주변과의 관계 맺음, 내가 세상을 바라보는 관점, 옳다거나 옳지 않다고 믿었던 것들 모두 뒤집어 생각해야 한다. 그래야 나를 찾을 수 있으며, 행복하지 못한 이 마음에서도 빠져나올 수 있다.

내가 착하다고 생각하는 것은 착각이다

마음을 수행하는 사람은 늘 자신을 돌아봐야 한다. 그렇게 해야 세상을 바라보는 관점을 바꿀 수 있다.

우리는 모두 자신이 착한 사람이라고 생각한다. 하지만 오랫동안 많은 소와 돼지를 죽이고 고등어와 미역을 취하고 상추와 미나리를 꺾었다. 걸어 다니면서도 개미를 밟고 자벌레도 밟고 나방도 죽이지만, 아무도 그들의 죽음에 관심이 없다. 수많은 생명의 죽음으로 우리는 지금까지 살아왔고 앞으로도 그럴 것이다. 스스로 만물의 영장이라고 하는 우리가 과연 그럴만한 가치를 지니고 있을까?

길을 가다 잘못해서 지렁이의 몸통을 밟고 지나치는 날이 있다. 그 지렁이가 깜깜한 밤을 지나서 다음 날 아침까지 고통스럽게 신음하다 죽었다고 하면 지렁이에게 과연 나는 착한 사람일까? 어떤 사람이 내게 폭언하거나 뺨을 때리면 폭력적인 사람이라고 대들면서 왜 지렁이나 개미를 죽이는 자신에게는 이렇게 관대한 것일까?

내가 착한 사람이라고 생각하는 것은 착각이다. 오직 내 생존을 위해 수많은 생명을 자연스럽게 취하고 있다는 것을 기억해야 한다. 내가 지금 살아 있다는 것은 너무도 감사한 일이다. 그들을 향한 감사함으로 매 순간을 살아야 한다.

좋지 않은 날이란 없다

우리는 미래에 대한 막연한 불안과 두려움이 있다. 그래서 이왕이면 좋은 것이 좋다는 마음으로 이사를 하면 방향을 잡고, 자식이 결혼하면 좋은 날을 잡고, 출산이 가까워지면 수술할 시간을 받기도 한다.

그런데 눈을 뜨고 보면 지금 내가 존재하는 우주 공간은 어떤 방향이 좋고 어떤 날, 어떤 시간이 나쁜 것이 없다. 지구에서는 태양이 옆에 있으니까 동서남북 방향을 말하지만, 저 먼 우주에 태양 같은 별은 수백 개도 더 있다. 거기서 보면 지금 가리키는 지구의 방향과 날짜는 전혀 다르다. 또 시간도 다르다.

우리가 좋은 날, 좋은 방향, 좋은 시간을 찾는 것은 깊이 들여다보면 우리 존재에 대한 경외심이라고 볼 수 있다. 좋다, 좋지 않다는 선택보다 더 근본적인 것은 살아 있음의 소중함이다.

나의 지금 이 순간은 복권 1등 당첨금보다 훨씬 더 가치가 있다. 내가 지금 존재하는 것, 그 자체가 이미 행운이고 축복이다. 아침에 눈을 뜨면 떠오르는 태양을 보는 것도, 비가 오고 날아가는 새를 보는 것도 이 순간 존재하지 않으면 볼 수 없다. 추운 날에 얼음이 얼고, 봄이 되면 꽃이 피고, 꼬부랑 할머니가 지팡이를 짚고 가고, 야쿠르트 아주머니가 배달 가는 모습도 내가 살아 있기에 누리는 기쁨이다. 억만금을 주고도 살 수 없는 즐거움이다.

따라서 지금 이 순간 내가 존재하는 이 우주에서 좋지 않은 곳이란 없다. 좋지 않은 날, 좋지 않은 시간도 따로 없다. 지금 내가 가려고 하는 방향이 가장 좋은 것이고, 내 눈 앞에 펼쳐진 이 시간이 가장 좋은 때다.

이런 이치를 알고 확실히 믿으며 자신이 하고자 하는 일을 펼쳐 나가면 된다. 이사할 때 자신이 가고 싶은 방향으로 가면 된다. 날짜를 잡을 때도 자신이 좋은 날과 시간을 택하면 된다. '혹시 내 선택이 이상한 결과를 낳지 않을까?' 이런 걱정은 내려놓아도 좋다. 자신의 진심을 따른 선택은 늘 좋은 결과를 낳는다. 내 뜻이 분명하면 아무 문제가 없다. 그런데 결과가 두려워서 선택을 주저하면 실제로 생활에 부정적 영향을 끼친다.

봄 여름 가을 겨울, 어느 하나 좋지 않은 날이란 없다. 이 순간 존재함으로 이미 큰 행복이 시작되었다. 날마다 새로운 날이다.

혼자 여행을 떠나보라

 깨달음은 무엇일까? 그것은 이 순간 자신이 가진 걱정이나 근심의 정체를 알아내는 것이다. 또 나는 누구일까? 하는 질문에 답하는 것이다. 내가 어디서 와서 어디로 가는지, 이 현상계가 무엇인지, 생로병사의 정체가 무엇인지를 아는 것이다.
 그것을 알기 위해서는 자신이 옳다고 움켜쥐고 있는 기존의 생각이나 가치들을 버려야 하는데 쉽지 않다. 오랫동안 자신이 믿어온 것들이 틀렸음을 인정하는 것이기 때문이다. 현재 나의 삶이 어떤 모습인지 늘 되돌아봐야 한다.
 우리는 늘 같은 환경에서 같은 것을 보고 같은 생각을 한다. 다람쥐 쳇바퀴의 인생을 면치 못한다. 그래서 홀로 여행을 떠나보면 좋다. 누군가와 함께 가는 것이 아닌 혼자만의 여행을. 홀로 낯선 장소에 가면, 그동안 누구보다 잘 안다고 여겼던 자신인데 생각보다 모르고 있다는 것을 깨닫게 될 것이다. 내가 좋아하는 것, 관심이 가는 것, 계속 좋아하게 될 것, 나만의 힐링하는 법 등등 하나둘씩 새롭게 자신에 대해 알아가기 시작할 것이다.

 25년 전, 인도에 배낭여행을 갔을 때 힘든 환경 속에서도 묵묵히 살아가는 사람들을 보고 내 고통이 얼마나 가벼운 것인지 뼈저리게 느꼈다. 그리고 어린아이들이 찐득찐득한 소똥을 맨손으로 벽에 붙이며 연료로 만드는 노동의 과정을 보고 절로 존경심과 경외감이 일어났다. 어린아이마저 울고 웃으며 지금 이 순간 온 힘을 다해 살아가는 삶의 치열함은 상상 이상이었다.

 내가 누구인지 잘 알아야 내가 가진 생각을 내려놓거나 바꿀 수 있다. 일상에서 잊고 살았던 나를, 새로운 나를 발견하는 것은 혼자 여행을 떠나는 것만큼 좋은 것이 없다. 사소하고 흔한 풍경이 새로운 의미로 다가오는 경험 속에서 어쩌면 자신이라는 감옥 속에 갇혀 살았던 자기 얼굴을 새로 그려야 할지도 모른다. 지금 나의 진심과 마주 서는 여행을 시작하자.

한 번은 큰 것
한 번은 작은 것

바쁜 현대인들은 따로 시간을 내서 명상하거나 참선하는 것이 쉽지 않다. 특별히 돈과 시간을 들이지 않고도 효과가 좋은 간단한 수행법이 있다. 집안일을 하거나 직장 일을 하면서 시간 날 때마다 어디서든 가능한 방법이다.

그것은 한 번은 큰 것 한 번은 작은 것을 보는 방법이다. 뚱뚱한 것과 날씬한 것, 굵은 것과 가는 것, 긴 것과 짧은 것 이렇게 대조되는 두 가지를 봐도 좋다. 순서를 바꿔도 상관없다.

운전하고 가다가 티코 자동차를 보고 버스를 보면 버스가 크다는 생각이 든다. 대형 트럭의 타이어가 굴러가는 것을 보다가 자전거를 보면 자전거 타이어가 작다는 것을 알게 된다. 책을 보면서도 큰 글씨와 작은 글씨를 비교해 보고, 길을 걸으면서도 큰 아이와 작은 아이를 본다. 음식을 하면서 주방의 작은 냄비와 큰 찜솥, 국그릇과 밥그릇을 비교해 보고, 하늘을 나는 참새와 독수리, 단층 주택과 빌딩, 개미와 지렁이 등등 이런 것들을 생각이 날 때마다 대조해 보면 좋다.

이렇게 생활 속에서 한 번은 큰 것 한 번은 작은 것을 보는 연습을 하면 자신이 가진 고정관념이 무엇이었는지 알게 될 것이다. 고정관념을 깨면 분별심이 없어져 보이지 않는 것까지 볼 수 있다.

모든 여성은 신이다

내가 누군지 찾아가는 과정에서는 항상 밖으로 드러난 현상만 보지 말고 본질을 보는 연습을 해야 한다. 세상을 살다 보면 여성에 대해서 폄하하고 무시하는 의견이 많다. 우리는 이를 그냥 오랫동안 흘러온 관습이라 치부해 버린다. 그러나 이를 깊이 있게 볼 필요가 있다.

모든 남성은 그의 어머니한테서 태어났다. 그 어머니는 여성이다. 이처럼 남자는 여성한테서 나왔는데 왜 남성은 스스로 우월하다고 생각하는 것일까? 혹시 자신들이 우월하지 못하니까 억지를 쓰는 것은 아닐까?

사랑을 나눌 때도 남자는 정액을 쏘고 가버리지만, 여자는 정액을 몸속에 받아서 열 달 동안 생명을 키우며 온갖 위험을 무릅쓴다. 그렇게 낳은 자식이 위기에 처하면 또 어머니는 목숨을 바친다. 자식을 낳고, 양육하고, 번성하도록 하는 여성의 모습은 마치 신과 같다.

음식을 먹고 남성은 자신의 힘을 기르지만, 어머니인 여성은 젖을 만들어 낸다. 이것 또한 신이 아니고서는 할 수 없는 일이다. 남자들이 강하다 해도 원래 약한 줄 알기 때문에 여성들이 그냥 사랑으로 받아주는 것이다.

여성은 근본적으로 자기를 낮추는 일에 익숙해 있어서 내가 누구인지 아는 것도 남성보다 훨씬 빠르다. 결코 여성의 능력이 남성보다 뒤떨어지지 않는다. 영국에서 여왕의 통치 아래 민주주의가 꽃피운 것은 우연이 아니다. 여성이 신의 역할을 하기 때문에 우리가 사는 이 세상이 잘 돌아가고 있다.

적응 방식도 여성들은 현실적인 데 비해 남성들은 이상적이다. 그래서 결혼한 남성들은 아내 말을 잘 들으면 된다. 여성들은 현재에 초점을 두고 주위 환경을 어떻게 잘 꾸려갈지 고민하지만, 남성들은 미래에 초점을 두고 어떤 새로운 것을 쟁취할지 고민한다.

여성에 대한 사회적 편견뿐만 아니라 잘못된 고정관념을 버려야 한다. "사람들이 그렇게 생각하니까, 세상이 그렇게 인정하니까." 이렇게 무심코 받아들이는 것들이 깨달음으로 가는 길에 장벽을 쌓고 있지는 않은지 늘 되돌아봐야 한다.

화를 잘 낸다면
욕심이 많은 것이다

　사회생활을 하는 우리는 많은 사람을 만나면서 갈등을 겪는다. 그때마다 언제나 나는 옳고 상대방은 틀렸다고 생각하는 것이 문제이다. 상대방이 틀렸다는 기준이 언제나 나의 관점이었음을 깨달아야 한다. 상대방을 탓하는 한 갈등을 절대 풀 수 없다.

　내가 누구인지를 알려고 하면 끊임없이 나를 돌아봐야 한다.
　나는 왜 화를 잘 내는 것일까? 이것의 본질을 들여다보면 궁극적으로 손해를 볼 것 같기 때문이다. 명예, 재물, 권력 등 내가 가지고 있는 것을 뺏기지 않을까? 또는 내가 무시당하지 않을까? 이런 두려움이 있어서 작은 것에도 예민하게 반응한다. 내 손해가 크면 클수록 화를 내는 강도가 더 커진다.

　그리고 갈등의 상대가 나를 불안하게 만든 것이 아니라, 상대의 언행에 내가 스스로 불안해한다는 것이다. 결국 지금 마음속에 꿈틀대는 불안과 분노 같은 부정적 감정은 자신이 만들어 낸 것이다. 그렇다면 이런 감정은 어떻게든 자신이 제어

할 수 있다는 말이다.

　만약 자신을 화나게 하고 짜증 나게 하는 사람이 매일 이익을 갖다주는 사람이라면 과연 화를 낼까? 화를 낸다는 것은 내가 가지고 있는 그 무엇인가를 지키기 위한 행동이다. 화가 날 때면 내가 욕심이 많은 사람일 수도 있다는 생각으로 한 걸음 물러나서 자신을 돌아보는 연습을 해야 한다.

　자신을 잘 안다는 것은 매우 어려운 일이다. 그만큼 혼자만의 고독한 사유를 통해 자신의 솔직한 모습과 만나는 시간을 가져야 한다. 마음공부는 끝없이 자기를 돌아보며 비워내는 일이다.

무엇이 착하고 무엇이 나쁜가?

　인류는 농사를 짓고 모여 살기 시작하면서 질서 유지가 필요해졌다. 몇천 년을 내려오면서 규율을 고치고 새로 만들면서 대략적인 기준을 세웠다. "있는 사람이 없는 사람을 보태 주면 착한 일이라 하자, 복 받을 일이라 하자. 남의 것을 빼앗으면 나쁜 일이라 하자, 벌 받을 일이라 하자." 이렇게 약속한 것들이 오랜 시간을 내려오며 진리로 굳어졌다.
　그런데 정말 선악이 있을까? 자연에 사는 동물들끼리는 어떤 행위를 해도 괜찮다. 사자가 말을 잡아먹어도 자연은 그들을 나쁘다고 하고 벌을 주지 않는다. 그들은 법을 만들지 않았기 때문이다. 법이 없기 때문에 어떤 행위를 해도 저촉이 안 된다. 단지 인간의 시각으로 선악을 분별하고 판단할 뿐이다.
　반면에 인간은 자신이 불편해도 안 되고 남에게 불편을 줘도 안 되는 존재이다. 인간들은 그런 자신들을 지키기 위해 선악을 기준으로 사회적 규율을 만들었다. 그래서 사람이 사람을 죽이면 죄가 되지만 지렁이나 개미는 밟아 죽여도 죄가 되지 않는다. 어부가 바다에 나가서 멸치를 수천 톤 잡아도 역시 죄라고 하지 않는다. 인간은 자연과 계약을 맺은 적이 없기 때문이다.

우리가 선악의 기준을 지니고 착하고 바르게 살아가는 것이 맞다. 그러나 그런 보편적인 삶으로는 내가 어떤 존재인지 찾을 수는 없다. 근본적으로 선악은 없기 때문이다. 그런 기준은 서로에게 불편하지 않은 관계를 유지하기 위한 약속이지 결코 진리가 아니다. 선악의 분별은 진리를 아는 것과 관계가 없다.

우리는 살면서 선악, 대소, 시비 등을 생각하고 분별한다. 중요한 것은 다만 그런 생각이 일어났음을 알아차리고, 그것을 받아들이되 휘둘리지 않으면 된다. 그것은 생각일 뿐이며 실체가 아님을 깨달으면 그 생각은 있으면서도 있는 것이 아니다. 그럴 때 분별심의 구속에서 풀려난다. 나를 찾아가는 여정에서 가장 큰 걸림돌은 바로 분별심이다.

설악산 단풍은
왜 검은색일까?

 산다는 것은 늘 선택의 연속이다. 옳다 그르다? 길다 짧다? 춥다 덥다? 멋있다 멋있지 않다? 아름답다 추하다? 뚱뚱하다 말랐다? 등등. 우리는 오늘도 이런 선택지들을 펼치며 살아간다. 그런데 늘 같은 기준으로 같은 선택을 하면서 사는 한 나를 찾는 것은 더 어려워질 것이다.

 나를 찾고자 한다면 사물을 바라보는 상대적 관점을 이해하고, 그것을 넘어서야 한다. 우리의 판단이 자신이 처한 상황과 조건에 따라 달라진다는 것을 알게 되면 그 본질을 볼 수 있다는 말이다.

"설악산 단풍은 검은색이다."
"이상한 사람이네."

 깜깜한 밤에 보면 단풍은 검은색이다. 햇빛 아래 붉은 단풍을 본 사람들은 단풍이 검은색이라고 하는 사람들이 틀렸다고 확신할 것이다. 단풍이 붉다고 하는 것도 맞고, 단풍이 검다는 것도 맞다. 그것이 각자의 경험과 지식으로 증명된 것이기 때문이다.

이렇게 우주를 바라보고 이해할 때 자기 관점만 고집하면 자기 생각에 갇히고 만다. 내 관점이 어떻게 이루어진 것인지 들여다봐야 한다.

우리는 늘 비교하고 타인을 은밀히 끌어내리려는 생각으로 이 세상을 살아간다. 그래서 상대적으로 내가 가진 것이 우월하다 싶으면 만족하고, 부족하다고 느끼면 고통스러워한다. 이렇게 상대적인 관점에서 나를 보고 판단하니까 진짜 나를 찾지 못한다.

지금 내 육체가 있어 존재한다는 이것도 상대적인 개념이다. 내가 깊은 잠에 빠지면 육체가 나라는 생각이 없고 이 세상도 없다. 언제나 나라는 생각이 있을 때만 이 세상이 있다. '저것이 꽃이다, 별이다, 나무다, 은하수다.' 하는 것도 내 생각이 있을 때만 그렇게 보인다.

'부모 몸 받아서 태어나기 전의 나는 누구인가?' 이런 불교의 화두가 있다. '부모 몸 받아서 태어났다.' 하는 데서 이미 내 생각이 작동하기 때문에 '부모 몸 받아서 태어나기 전의 나는 누구인가?'라고 묻는 것이다. 내 생각이 일어나기 전의 나는 정말 무엇인가?

우리가 세상을 바라보는 상대적 관점이라는 것 자체가 공이다. 나를, 내 마음을 찾아가는 방법은 이렇게 학습한 지식이나 주장들을 내려놓는 것이다. 세상의 보편적인 가치로 나를 아무리 찾으려고 탐구해 봐도 나를 찾지 못한다. 내가 가진 모든 사유를 내려놓아야 한다. 생각이 일어나기 직전의 자리, 그것이 나다.

우리가 낮에 본 단풍은 붉은색이 맞다. 그런데 깊은 밤에 본 단풍은 검은색이 맞다. 그러면 단풍의 원래 색깔은 무엇일까?

잠들지 못하는 것은
집착이 많아서이다

 만약 병에 걸려 삶이 얼마 남지 않았다는 선고를 받으면 이 세상이 온통 우울해진다. 이 마음과 육체가 내 전부인데, 전부가 사라진다는 말을 받아들이고 싶지 않다는 생각에 휘둘리기 때문이다.

 잠이 들어 내가 있다는 생각이 없을 때는 아무 근심이 없다. 내가 있다는 생각은 내 마음이 있을 때만 있다. 그런데 이 마음은 안 보이니까 내 마음으로 나타난 것을 내가 있다고 생각하는 것이다. 궁극적으로는 내가 없다.

 잠자리가 바뀌면 잠이 오지 않는다는 사람이 있다. 왜 예민해지는 것일까? 낯선 장소에서 혹시 피해를 보지는 않을까? 무엇인가 나빠지지 않을까? 이런 생각으로 세상의 끈을 놓을 수 없기 때문이다. 이것의 근원을 들여다보면 결국 죽음에 대한 두려움이다. 집에서도 잠을 설치는 사람이 있다. 그런 사람 역시 세상에 대한 욕심이 많은 사람이다.

 세상에 대한 집착을 내려놓고 그냥 코 골고 자면 된다. 잠을 잘 자는 것은 본질적으로 세상에 대한 욕심을 내려놓는 일이다. 매일 육체적 노동을 많이 하는 사람들은 중간에 깨서 잠을 설치는 일이 거의 없다. 고단함을 내려놓고 자기 바쁘기 때문이다. 나라는 생각 없이 잠을 잘 때, 본성에 들어갔다 오는 것처럼 깊이 자게 되고 그래서 더욱 행복을 느낀다.

궁극적으로 내가 없다는 것을 알아야 내가 가지고 있는 사고가 바뀐다. 실체로서의 내가 없으면 죽음도 없다. 죽음이 없는 것을 알면 불안이나 두려움으로 잠을 설칠 일이 없다. 항상 본질을 봐야 한다.

우주적 양심과
세상적 양심의 차이

사람들은 세상을 양심껏 살아야 한다고 말한다. 그렇게 살아가는 것이 보편적인 삶이다. 그런데 당황스럽겠지만 그렇게 살면 내가 누구인지를 찾지 못한다. 나를 바꾸고 싶고, 깨어 있고 싶은 사람은 우주적 양심에 따라 살아야 한다.

15세기 미국에는 합법적인 흑인 노예시장이 있었다. 돈 있는 백인은 시장에서 물건을 고르듯이 치아를 검사하고, 항문을 벌려보고, 팔다리가 튼튼한 흑인 노예를 사서 죽을 때까지 힘든 일을 시켰다. 노예들조차 그것을 당연한 것이라 여겼고 매매하는 사람도 전혀 죄의식을 느끼지 않았다.

우리나라 조선 시대에는 양반집 딸이 시집을 가면 그 몸종은 따라가서 애도 키워주고 늙어 죽을 때까지 시중을 들었다. 신분제 사회에서는 그런 일이 합법이었다. 아무것도 거리낄 것이 없었다.

돈으로 흑인을 산 백인이나 죽을 때까지 몸종을 부리던 양반집 딸은 그 당시 세상적 양심에 따라 그렇게 살았을 뿐이다.

그러나 그들은 세상의 규율을 따르고 살았지만, 이기적으로 잘 먹고 편하게 살다 간 사람들이라 할 수밖에 없다.

그렇다면 우주적 양심은 무엇일까? 이것은 불합리한 세상의 기준을 벗어나서 깨어 있는 의식의 길로 거듭나게 하는, 보다 확장된 가치이다. 내가 누구인지 찾고 싶다면 세상적 양심에서 벗어나야 한다. 15세기에 흑인과 백인도, 양반과 상놈도 같은 인격을 가진 존재라는 우주적 양심을 가진 사람이 있었다면 그가 바로 깨달은 사람이었을 것이다.

우리는 자신의 생명을 유지하기 위해 수천 동식물의 목숨을 취하고도 양심의 가책을 느끼지 않는다. 인간이 만물의 영장이라는 생각 때문이다. 깨어 있는 자는 그들도 우리처럼 목숨이 하나뿐이기에 더 오래 행복하게 살고 싶은 간절함이 있다는 것을 알고 살생을 금기시한다. 인간이 만물의 영장이라고 인정한 것은 자연이 아니라 인간 자신들임을 잊으면 안 된다.

이처럼 세상의 기준대로 양심껏 산다는 일이 진리가 아님을 알고 과감하게 내려놓을 때 '나'의 본질에 성큼 다가설 수 있다.

킬리만자로의
표범이 되자

"먹이를 찾아 산기슭을 어슬렁거리는 하이에나를 본 일이 있는가. 짐승의 썩은 고기만을 찾아다니는 산기슭의 하이에나. 나는 하이에나가 아니라 표범이고 싶다."

이 노래 가사처럼 내가 누구인지를 찾아 헤매는 여정은 힘들고 고독하다. 그런데 그것은 가슴 뛰는 삶이다. 벤츠를 타는 친구나 50평 아파트에 사는 이웃이 전혀 부럽지 않다. 버스를 타도 느리지만 목적지까지 가고, 작은 집이지만 천국만큼 아늑할 수 있다. 명예나 물질이 부족한 삶이 연기처럼 사라진다 해도 지금 이 순간 나를 찾기 위해 고뇌하는 것은 아름답다.

마음공부를 한다고 말하면 주변에서 "밥이 생기냐? 돈이 생기냐?"라고 반문한다. 우린 아무리 맛있는 것을 먹어도, 멋진 풍경을 봐도 마음 한 곳에 쓸쓸하고 허전함이 있다. 그것은 내 존재의 근원을 모르기 때문이다. 어디서 와서 어디로 가는지도 모르는 채, 마냥 주어지는 대로 사는 삶이 절대 행복할 수 없다. 내가 누군지 알면 영원한 평화와 행복을 알게 된다.

우리는 경제적으로 무리해서라도 벤츠를 타야 행복해질 것이라 착각한다. 비싼 옷을 입어야 행복해진다는 믿음은 타인이 주입한 세뇌된 행복이다. 성철 스님은 평생 옷 한 벌을 기워서 입었다. 양말도 기워서 신었다. 그래도 모든 사람이 우러러보고 존경했다. 내가 있는 사람은 물질에 얽매이지 않고 항상 당당한 삶을 산다.

지금까지 우리는 누군가의 들러리로 산 것이 아닐까? 이 세상은 돈, 명예, 권력을 가진 사람들이 주인공이라 생각한다. 우리는 자신이 누구인지 알지도 못하고 알고 싶지도 않은 채, 눈만 뜨면 돈과 고기를 얻기 위해 나가서 일하고 죽을 때까지 또 어제와 같은 오늘을 반복한다. 남을 부러워하거나 흉을 보면서 온갖 걱정을 끌어안은 채 비참한 삶을 살아간다.

그러나 눈을 떠보면 바로 내가 주인공이자 내가 이 우주의 중심이라는 것을 알게 된다. 내가 그렇게 위대한 존재인 줄 모르고 지금까지 스스로 속고 살아온 것이다. 내가 존재하지 않으면 부모도, 대통령도, 내 딸과 아들도 아무 의미가 없다. 깨닫고 난 선사들은 부모를 내가 낳았다고 한다.

오늘 내가 눈을 뜬 것은 내가 필요한 존재이기 때문이다. 해 뜨면 움직이고 밤이 되면 잠든다는 그런 게으른 생각으로는 내 안에 잠든 표범을 깨울 수 없다.

스스로 선택한 고독은 고고하게 빛난다. 누구나 추구하는 보편적인 가치 기준에서 빠져나오는 것, 바로 그것이 고독이다. 무리 속에서 빠져나와 눈 덮인 고독한 산길을 당당하게 걸어가는 표범이 있다. 수행하는 사람은 모두 눈 덮인 킬리만자로의 표범이다.

내가 있는
당당한 삶을 살자

 우리는 자신이 가지고 있는 생각들이 언제나 타당하며, 그 생각대로 바르게 살고 있다고 확신한다. 하지만 그것이 바로 오류투성이의 삶이라고 지적받으면 무척 불쾌해한다. 이제부터는 지금까지 내 생각이 아닌 남의 생각으로 살고 있으며, 또 모두 잘못되었다는 것을 돌아봐야 한다.

 예를 들면 TV 프로그램이 다양하게 있다. 우리는 드라마, 시사, 오락, 뉴스 외에도 많은 것을 마음대로 골라볼 수 있어 좋다고 생각한다. 그런데 그것은 착각이다. TV는 시청자가 원하는 것을 단 10초도 보여주지 않는다. 모든 방송의 시스템은 수익 창출에 맞추어져 있기에 아무리 유익한 내용이라도 선뜻 제작하지 않는다. 방송이 보여주고 싶은 것만 보여줄 뿐이다.

 일반적으로 땅은 발을 디디고 있는 곳이고, 하늘은 저 허공 위에 구름이 있는 곳이라 알고 있다. 그러나 꼭 그렇지만은 않다. 내가 발 디디고 있는 그 아래로는 100m를 내려간다 해도 모두 땅이다. 그리고 하늘은 허공 위에 있는 것이 아니라 땅바

닥 위부터가 모두 하늘이다. 하늘과 땅이라는 개념도 잘못 알고 있다.

동물원에 원숭이가 살고 있다. 우리는 그들이 갇혀 있어서 자유롭지 못하다고 생각하는데 이것은 틀렸다. 이 세상의 보편적인 가치나 개념에 구속되어 끊임없이 남을 의식하며 체면에 갇혀 사는 우리보다 그들이 더 자유롭기 때문이다.

다양한 매체를 통한 광고들은 첨단 기술이 접목된 자동차, 아파트 등 각종 명품을 소유하는 것이 진정한 행복의 척도라고 사람들을 세뇌한다. 우리는 멀쩡한 가전이나 자동차를 최신형으로 교체하는 일이 다반사이다. 또 이미 옷이 충분하고, 가방, 구두가 많아도 유명 디자이너에 열광하며 지갑을 연다. 비싸고 희소성 있는 브랜드를 소유한 자신을 과시하는 뿌듯함에 모두 스스로 속고 산다. 명품이라고 일컫는 가전제품이나 자동차, 아파트, 옷, 시계, 그 속에 절대 내 행복은 없다.

지금 내 삶은 내 생각의 결정체다. 그런데 지금의 삶이 마음에 들지 않는다면 자신이 가지고 있는 생각이 누구의 것인지 돌아봐야 한다. 내 것이 아닌 남의 생각으로 살아왔다는 것이다. 그리고 그 생각이 틀렸다는 것을 고민해 봐야 한다. 자신이 어떻게 살아가야 하는지 존재하는 자는 다 알고 있다. 교육이 가르쳐 준 것을 걷어내면 순수한 나로서 어떻게 살아야 하는지 모두 안다.

'나'가 없는 사람들은 남의 생각으로 온갖 제약과 구속을 받으며 살고 있다. 진짜 '나'가 없이 끌려다닌다. '나'가 있는 사람들은 남 눈치 보지 않고 언제나 당당하다. 이 세상은 내가 창조한 것이다. 이 순간 존재하는 내가 누군지를 알고 싶으면 남의 눈치를 보는 데서 빠져나와야 한다.

유일한 장애물은
내 마음이다

세상일이 내 마음처럼 되지 않을 때 우린 주변 환경 탓을 하면서 불안감을 덜고 싶어 한다. 지금 자기 마음이 휘둘리고 있는 것은 돌아보지 않고, 주위 환경이 바뀌면 될 것이라는 생각은 옳지 않다. 자신의 마음이 지옥이라면 환경이 아무리 좋게 바뀌어도 해결되지 않는다. 자신에게 주어진 어려움을 극복하는 것은 환경의 변화가 아니라 마음의 힘이기 때문이다.

우리는 어렵고 옥죄는 환경에서 벗어나기만 하면 다른 생활이 가능할 것처럼 생각하는데 그것은 착각이다. 환경을 바꾸어도 자기 어깨의 짐은 똑같다. 바뀐 곳에서도 내가 해야 할 일들이 많이 있고, 그것 역시 내 마음을 억누르는 새로운 원인으로 작용할 것이다.

모든 생각의 근원은 에고이며, 그것이 육체와 이 세상을 만들어 고통을 가중한다. 언제나 내가 가진 생각이 옳고, 내 방식대로 주변을 인식하고 보기 때문에 진실을 제대로 보고 듣지 못한다. 스스로 내 생각의 틀 속에 갇혀 있다는 것이다.

유일한 장애물은 내 마음이며 주어진 환경이 아니다. 환경이 어떻든 간에 지금 바로 자신의 마음을 바꾸면 된다. 내가 산속에 가서 될 일이면 집에서도 된다. 산속에 가서 된다고 생각하는 그것도 마음이고, 집에서는 되지 않을 것이라는 그것도 마음이다. 지금 환경을 바꾸면 자신이 원하는 것을 얻어 고통에서 벗어나리라 생각하는 그 마음이 무엇인지를 돌아봐야 한다.

나를 찾는 것은
내 마음을 아는 것이다

    나를 찾는 것은 지금 이 순간 존재하는 내 마음을 아는 것이다.

    '아들이 마음에 안 들어.' '시어머니가 마음에 안 들어.' '내 코가 마음에 안 들어.' 그 생각 하나하나를 다 뭉친 것을 마음이라고 한다. 내가 태어나서 죽을 때까지 하는 온갖 생각들의 총체가 마음이다. 우리는 내 마음속 수만 가지 생각이 옳은 것인지, 옳지 않은 것인지 모른다. 언제나 끝없이 떠오르고, 멈추고 싶어도 계속 전개되는 생각들로 마음은 가득 차 있다.

    그렇다면 근원적인 본질을 보려면 어떻게 해야 하는가? "내 생각은 모두 다 틀렸다. 뭐가 틀렸지?" 이렇게 나를 찾는 질문을 던져야 한다. 이것이 내 본질을 꿰뚫어 보는 첫걸음이다.

    하는 일마다 실패를 거듭한 사람이 심신이 불안해서 어떻게 해야 할지 모르겠다고 하소연했다. 사실 많은 사람들이 끝없이 치달리는 물질 위주의 사회 속에서 보이지 않는 스트레스와 압박감으로 인한 우울증을 호소한다. '나만 겪는 마음의 병이다. 고치기 어렵다.' 하는 잘못된 생각에서 빠져나와 심리치료를 병행하면 호전이 된다.

　많은 젊은이가 유행에 뒤지지 않으려고 새로운 화장품과 의류에 집착한다. 그런 소비를 통해 자신을 과시하고, 그것이 자기 정체성의 지표라고 믿는다. 하지만 물질적 가치가 최고인 세태에 빠져서 허우적거리는 줄 전혀 모른다. 그들이 가진 생각들이 개인으로서는 아주 진지해도 큰 흐름으로 볼 때는 다 잘못된 소비라는 것이다. 지금 내가 추구하는 소비가 누구를 위한 소비인지 꼭 들여다봐야 한다.

　어떤 어머니는 자식이 너무 힘들게 해서 상처가 많다고 한다. 자식도 미래에 대한 생각이 있고, 계획이 있다는 것을 믿고 기다려 줘야 한다. 응원하고 지지하면서 소통하면 자식의 마음을 헤아릴 수도 있는데, 그분은 그 고통을 전생의 업으로 잘못 생각하고 힘들어했다. 스스로 본인의 생각에 갇혀서 무엇이 잘못됐는지 모르고 있다.

　우리는 한번 가치 기준을 세우면 그것이 틀린 것이 아닌지 의심하지 않는다. 그 기준이 진리라 믿으며 바꿀 생각이 없다. 모두가 다 그렇게 살고 있다. 지금 나를 어떻게 찾을지 방법을 모르는 것은 현재의 나를 돌아보지 않기 때문이다.

　나를 찾는 것은 내 생각, 내 마음을 알아가는 것이다. 기존의 가치 기준을 내려놓고, 내가 무엇이 잘못되었는지 알려면 내 마음을 객관적으로 봐야 한다.

나는 깨달음에 적합한 코드인가?

 품격이 높은 사람은 미운 사람을 만들지 않는다. 지금부터라도 그렇게 수준을 높여야 깨달음으로 다가설 수 있다. 이 우주는 절대적인 사랑이다. 낚시꾼을 위해서 물고기가 미끼를 먹고 용감하게 죽어주고, 큰 상어나 돼지가 사람이 먹고 싶다 하면 과감하게 죽어준다. 사과나 미역 온갖 것들이 나를 위해서 기꺼이 죽어주는 사랑을 베푼다.

 지금 우리가 찾고자 하는 이 본래 성품은 모든 것을 용서하고 이해하고 받아들이는 평화로운 상태이다. 그런데 우리는 남들이 약간 싫은 소리를 해도 인연을 끊으려 한다. 미운 마음은 상대방이 아닌 나 자신을 괴롭힌다. 그렇게 살면 깨달음은 더 멀어진다.

 "아, 이 사람이 내 마음공부를 시키는구나. 나는 저렇게 하면 안 되겠다." 타인을 만나서 마음이 불편하면 이런 마음가짐으로 임해야 한다. 분별은 하되 내가 그 속에 빠지면 안 된다. 그래야 나를 찾는다.

하지만 자기감정에 빠져서 "나는 문제가 없어. 상대가 잘못이야." 하고 반응한다면 절대로 나를 찾지 못한다. 나를 들여다보지 않고 상대를 들여다본 것이기 때문이다. 깨달음으로 가는 길은 나를 벗어나 있지 않다. 오직 내 안에 있다.

내가 길을 걸어가면 지렁이도 밟고 메뚜기도 밟는데, 그들도 아무 말 없이 죽어준다. 그들은 상대방을 원망하지 않는다. 자연은 내가 행하는 대로 받아들인다. 그렇기에 이 세상이 돌아가는 것이다. 자연이 내가 하는 행동에 따라서 일일이 반응했으면 나는 지금 살아 있지 못할 것이다.

지금 불편한 인간관계가 지속되고 있다는 것은 내 생각에 갇혔다는 것이다. 깨닫고 싶다면 다른 사람을 향한 미움, 분노 같은 감정을 내려놓아야 한다. 그들은 나를 위해 바뀌지 않는다. 그들에게 먼저 마음을 열고 다가가는 것이 깨달음에 적합한 코드이다. 그것이 불가능하면 이번 생은 깨닫지 못하고 마감한다.

단순해져야
나를 찾아간다

 세상을 살다 보면 짜증이 나거나 우울할 때가 있다. 그럴 때 우리는 당연히 그 감정이 나인 줄 착각하고 휩쓸려 버린다. 또 누군가 내게 말을 실수해서 화가 나면 그 마음에도 자연스럽게 반응하며 갇히게 된다. 이거 잘못된 거 아닌가? 하는 의심을 단 한 번도 하지 않는다.

 게다가 미운 사람이 있으면 외면하거나 그 환경을 바꿔버리기도 한다. 하지만 사람을 내친다고 되는 것이 아니고, 환경을 바꾼다고 되는 것도 아니다. 근원적으로 지금 짜증 나고 미운 마음이 자신의 잘못된 생각에서 비롯된 것임을 알아야 한다.

 우리는 내 자식이 기분 나쁜 말을 하면 그렇게 화가 나지 않는다. 그런데 다른 사람이 그런 말을 하면 화가 난다. 내 자식을 위해서는 기꺼이 참을 수 있지만 타인한테는 그런 인내심이 없다. 또 가족이 중환자라면 보조 침대에서 쪽잠을 자면서도 살려야 한다는 일념으로 힘든 병간호에 매진할 수 있지만 타인을 위해서는 불가능하다.

언제나 환경이 문제가 아니고 내 마음이 문제라는 것이다. 내 마음을 살펴보지 않고 모두 외부의 문제라고 보기 때문에 우리의 고통은 끝나지 않는다. 바깥에는 아무 문제가 없다. 오직 단순하게 내 마음만 보면 된다. 내 마음이 외부 환경이나 타인에 휘둘리지 않으면 된다.

이렇다 저렇다 하는 온갖 학문적 주장도 나를 찾아가는 데 도움이 안 된다. 깨달음을 설파한 많은 책도 읽을 때는 좋았는데 덮고 나면 무슨 말인지 하나도 모른다. 이해를 돕는다고 세세하게 풀어 설명할수록 나를 찾아가는 길에서 멀어지기만 한다.

그래서 불교에서는 나를 사대와 오온으로 이루어져 있으며, 공이라고 간단히 정의한다. 지금 저 들리는 매미 소리도, 눈앞에 보이는 저 산과 들도 사실이지만 실제로는 믿을 것이 없다, 공하다는 것이다. 대상을 쫓을 필요 없이 내 마음만 들여다보면 된다는 것이다.

"만법이 오직 마음이다."

옛 선사들처럼 이렇게 단순하게 꿰뚫어야 나를 찾아간다. 조목조목 설명해서는 40~50년 공부해도 나를 찾지 못한다. 아주 단순하게 생각을 좁혀야 나의 본성에 다가갈 수 있다.

나와 남이 하나인 줄
아는 것이 깨어남이다

깨달음은 나와 타인이 하나의 본성에서 출발한 존재라는 것을 아는 것이다. 그렇게 알면 궁극적으로 내가 누구인지를 찾은 것이다.

깨달음을 이론으로만 알아서는 안 된다. 우주가 하나라는 것을 알면 전체가 나인데, 개체적인 나를 붙들고 분별하고 집착하고 망상하고 번뇌할 필요가 없다. 이렇게 관점과 인식 자체가 완전히 달라지면 나는 오로지 자유롭게 살 수밖에 없는 존재임을 알게 된다.

내가 누구인지를 알면 벤츠가 지나가도 부러운 생각이 없다. 저 차가 내 것이니 내가 내 것에 대해 부럽다, 좋겠다는 마음을 낼 필요가 없기 때문이다. 또 굳이 이겨야지, 성공해야지 하는 집착도 끊어진다. 전체가 다 나이기 때문이다. 깨닫고 보면 이렇게 현상계에 대한 잡다한 생각이 줄어들고, 설령 괴롭고 슬픈 생각이 일어나더라도 그것을 붙잡지 않으니 걱정 없이 살아갈 수 있다.

어떤 아내가 오로지 가정에 헌신하고 살았는데 언젠가부터 내가 없이 살았다는 허무감이 느껴지고, 또 그런 자신을 알아주지 않는 남편이 야속하게 여겨졌다고 한다. 아내는 남편을 위해, 자식을 위해 살겠다는 내면의 목소리를 따라 자신의 삶을 살아온 것이 맞다.

"당신이 부르륵 화를 내면 속엣말을 못 하고 뒷동산에 올라가 바람을 쐬고는 했어. 당신은 늘 고마운 사람이야. 내가 더 노력할게."

어느 날 우연한 대화 속에서 남편의 진심을 알게 된 아내는 본인만 손해 본다는 불만과 불안에서 벗어났다고 한다. 남편도 아내처럼 가족을 위해 최선을 다하고 있다는 것을 알게 된 것이다.

우리는 언제나 나는 희생자고, 나는 피해자고, 내 삶은 힘들다는 종의 마음을 지니고 산다. 그런데 그 마음가짐을 한 번만 바꾸면 주인의 마음이 된다. '남편이나 자식을 위해 주인공이 되어 열심히 살았구나!' 아내는 주인의 마음으로 이렇게 생각하면 된다. 테레사 수녀처럼 누군가를 위해 희생 봉사한 것은 똑같기 때문이다.

세상에 타인은 없다. 전부가 나의 나툼이다. 그래서 항상 내 마음을 들여다봐야 한다. 내 마음을 어떻게 가지느냐에 따라 천국과 지옥으로 갈린다. 삶의 수레를 내가 끌어갈 것인지, 내가 끌려갈 것인지의 선택은 각자의 몫이다.

궁극적 진리

우리는 누구나 때가 되면 죽는다고 생각한다. 사실 매일 한 걸음씩 죽음에 다가서고 있다. 죽음이란 자신의 모든 것을 내려놓아야 하는 일인데, 정녕 우리는 죽음이 무엇인지 모른다. 삶이 두려운 이유는 내일을 모르고, 한 달 후를 모르고, 일 년 후를 모르기 때문이다. 우리는 내일 눈을 뜬다는 보장이 없다. 죽음은 늘 곁에 있다. 그런데 우리는 내일을 다 아는 것처럼 살아간다.

궁극적으로 삶을 온전하게 살기 위해서는 죽음을 알아야 한다. 죽음이 무엇인지 모르니 삶이 무엇인지도 모른다. 젊을 때는 아무리 죽음을 말해도 강 건너 불구경하듯 지나쳐 버린다. 이제는 태어남이 무엇이고 돌아감이 무엇인지를 알아야 할 때다.

우린 돈을 벌려고 태어난 것처럼 평생 열심히 일하고 산다. 그래서 돈이 좀 넉넉해서 자식들도 풍족하게 살기를 바란다.

재물이 있으면 모든 갈등이 해결되어 온 가족이 행복해질 것이라고 여긴다. 그런데 부처님은 왜 재물을 다 버리고 고행의 길을 선택했을까? 재물이 행복의 조건이 아니라는 것이다. 부처님은 평생 재물이 없어도 행복했다.

하지만 중요한 것은 서로 다르게 반응하는 궁극적 주체가 마음이라는 것이다. 즉, 재물이 있든 없든 행복은 마음에 달려 있다는 것이다. 우리가 느끼는 모든 행복의 본질은 마음이다. 그래서 내면의 마음을 찾고, 마음을 다스리는 공부가 필요하다.

《우파니샤드》에서 인생의 두 갈래 길을 이렇게 설명한다.

> "참자아의 영속적인 기쁨을 추구하는 길과 일시적인 쾌락을 추구하는 길이 있다. 이 두 길은 목적이 다르다. 삶의 매 순간이 참자아의 영원한 기쁨이냐 아니면 감각적인 쾌락을 선택하느냐이다. 지혜로운 사람은 당장 고통스러울지라도 영원한 기쁨을 주는 길을 선택한다. 하지만 어리석은 사람은 당장 감각의 만족을 주는 길을 따라간다."

진리는 하나이고 절대 불변이다. 이것을 설명하고 펴는 방편은 수없이 변화하며 현재에 이르렀다. 오늘날 우리는 오직 즐거움이나 어떤 이익, 지식을 찾으려고 하지 진리를 찾으려고 하지 않는다. 아주 소수의 사람만이 자신의 본질인 진리를 추구한다. 그들은 축복받은 사람들이다. 궁극적 진리를 찾는 것이 진정한 행복을 찾는 길이기 때문이다.

칸트와
라마나 마하리쉬

 부처는 일찍부터 이 현상계는 오온인 색수상행식(色受想行識)의 나타남이라고 했다. 이 현상계는 육체의 감각을 통해 받아들인 인식이나 마음의 판단 작용으로 나타난다. 다시 말해 삼라만상은 나라고 착각한 이 육체와 마음의 작용으로 펼쳐낸 것이라는 뜻이다.
 예를 들어 찻잔을 인식하는 과정을 살펴보자. 찻잔이 거기에 있고, 지금 내가 그 찻잔을 본다. 이것이 우리가 사물을 인식하는 일반적인 관점이다. 즉, 어떤 대상이 먼저 거기에 있고 나의 감각을 통해 대상을 인식한다는 것이다. 그러나 깨달음의 관점은 다르다. 내가 먼저 존재했고, 이 찻잔은 내 생각으로 만든 것이라고 본다. 인식 활동을 주도하는 것이 인식의 대상이 아니라 인식의 주체라는 점이 새롭다.

 1871년 칸트가 《순수이성비판》을 통해 신기하게도 이것을 설명하고 있다. 독립한 사물이 밖에서 나한테 들어온 것이 아니라, 내 인식이 통합적 사고를 통해 그렇게 그려냈다는 것이다. 즉 어떤 사물이 나에게 들어오기 전까지는 그것이 무엇인지 알지 못한다고 한다. 밖에 있는 저 나무와 돌이 먼저 독립해서 있었고, 그것을 주체인 내가 거울 비추듯이 보고 인식하는 것이 아니다. 나의 인식이 밖의 나무와 돌을 시간적, 인과적, 합리적 질서에 따라 그려낸 것이라고 보았다.

여기서 중요한 것은 주체 중심의 인식론이 등장했다는 점이다. 대상은 주체와 무관하게 존재할 수 없고 주체자 없이 나타날 수 없다는 것이다. 개별적인 대상이 나타나는 형식은 인간의 의식 내부에 선험적으로 주어져 있다. 즉, 바라보는 주체인 내가 인식해서 그려낸 세상이라는 것이다. 칸트는 150여 년 전에 어떻게 이런 생각을 했을까?

이것은 라마나 마하리쉬가 "보는 자 없이 아무것도 없다."라고 말한 내용과 서로 통한다. 내가 없이는 이 세상도 없다. 이 현상계는 바라보는 주체, 즉 내가 그렇게 보고 내가 내린 결론이라는 것이다.

두 철학자의 논리가 전혀 다른 듯 보이지만 하나로 통한다는 사실이 놀랍다. 진리의 모습이 다양한 형태로 변화한 것처럼 보이지만 눈을 뜨고 보면 같은 하나다. 내가 누구인지, 세상이 무엇인지 알면 모든 것을 관통하는 하나의 진리를 발견하게 될 것이다.

왜 이것인가?

"도가 무엇입니까?" "깨달음이 무엇입니까?" "부처가 무엇입니까?" 이렇게 심오한 진리를 물으면 옛 선사들은 손으로 탁자를 치거나 검지를 치켜세워서 "이것이다!"라고 답을 했다.

끈적끈적한 촉감이 들어간 달고 맛있는 꿀을 먹어본 사람이 꿀을 한 번도 먹어보지 않은 사람에게 꿀맛을 설명할 수 있을까? 말로 안 된다면 글로 설명할 수 있을까?

만일 꿀을 먹어본 맛이 깨달음이라고 한다면 《법화경》, 《금강경》, 《팔만대장경》 같은 글을 수천 권 읽는다고 해도 절대 꿀맛을 알 수 없을 것이다. 왜냐하면 꿀맛이 이렇다는 것을 일년 내내 설명해도 꿀맛하고는 상관없는 말만 하게 되기 때문이다. 그래서 깨달음은 언어 이전의 앎이라고도 한다. 선사들은 깨달음을 벙어리가 꿈꾼 것과 같다고 비유했다. 알고 있지만 말로 설명할 수가 없다는 것이다.

그토록 열망했던 깨달음을 알고 나면 그것이 너무 시시해서 욕이 나온다고 한다. "아니, 이것을 누가 모른단 말이야? 5분만 설명하면 다 알아버릴 텐데. 이것은 정말 내가 나를 속인 것이다." 이런 반응은 감탄이 아니라 실망에 가깝지만 거짓말이 아니다.

그러나 깨달음을 알기 전에는 "시시하다, 간단하다, 금방이다, 이것이다." 하고 구구절절 설명해도 절대로 이해할 수 없다. 직접 꿀을 먹어보면 "아~! 이 맛이구나." 하고 바로 알게 된다. 꿀맛을 알면 설명이 필요 없다. 정말 별것 아님을 알게 된다.

이해가 빠른 사람은 깨달음에 대해 5분만 설명을 들으면 안다. 평범한 사람들은 설명하는 말을 스펀지처럼 쭉쭉 받아들이면서 자기 것으로 만드는 데 15~20분이면 충분하다. 그런데 수행을 많이 하신 분일수록 희한하게 이해하지 못한다. 오랫동안 믿어온 자신의 앎이 맞다고 생각하기에 어떤 말도 받아들이지 않고 튕겨낸다. 그리고 선지식의 말이 틀렸음을 설명하는 데 시간을 다 할애한다.

우리는 태평양 한가운데에서 조그만 나룻배를 타고 깨달음이란 곳을 향해 가고 있다. 이 여정은 방향을 모르고, 이정표로 삼을 섬 하나 보이지 않으니 정말 어디로 가야 할지 모르는 어려움에 부딪히곤 한다.

깨달음을 아는 자만이 깨달음이 무엇인지 설명해 줄 수 있다. 깨달음이 언어 이전의 것이지만, 깨닫지 못하면 절대로 전달할 방법이 없고, 방향을 모르기에 설명을 할 수 없다. 바로 지금, 여기 있는 내 마음자리를 아는 것이 깨달음이다.

현재의 나는 누구인가?

 우리의 교육은 수많은 지식을 익혀야 하고 자신은 보잘것없는 사람이니 위대한 사람을 롤 모델로 삼아야 한다고 가르쳐 왔다. 그래서 우리는 내가 누구인지 알기도 전에 남의 생각을 열심히 주워 담고 외우기에 급급했다. 그리고 사회에 나오면 또 부족한 능력을 채우기 위해 끊임없이 나를 채찍질한다.
 어느새 내 안에 주워 담은 남의 생각을 조합해 마치 내 것인 양 뱉어내는 앵무새가 되어 있는 줄 꿈에도 모른 채, 우리는 지금 살고 있다. 그렇게 부모님과 존경하는 석학들의 가르침, 그리고 감명을 받은 도서들이 내 안에 가득 들어와 있다. 그것이 현재의 나라고 보면 된다.
 내 안을 남의 생각으로 채우고, 그대로 동화되어 사는 삶은 내가 아니다. 우리는 자신의 본래 가치와 능력을 돌아볼 줄 모르고, 늘 남의 생각으로 나를 규정하며 살아왔다. 항상 나는 모자라거나 부족한 사람이었고 그래서 무언가를 자꾸 채우려고만 했다.

수행을 하면서도 정신을 똑바로 차리려고 애쓸수록, 내 생각이 없고 남의 생각으로 또록또록 차오른다는 것은 불행이다. 오늘도 남의 생각으로 살아가는 나는 누구일까? 지금 내 생각이 진정한 내 것일까? 세상이 주입한 생각을 자신의 것이라고 착각하는 것은 아닐까? '나'로서 사유하는 나는 어디에 있을까? 이렇게 차분히 자신을 들여다봐야 한다.

우리는 정말 남의 생각으로 살아간다. 남 눈치를 보면서 전전긍긍하거나 세상의 잣대에 맞추려고 힘들게 사는 것은 정말 바보 같은 짓이다. '저 사람은 쩨쩨해.' '저 사람은 욕심쟁이야.' '내 삶은 실패다.' 이런 생각도 과연 나로서 내린 결론일까? 깊이 고민하면서 뒤집어 봐야 한다.

깨달음이란 기존의 생각을 내려놓고 견해를 바꾸는 것이다. 깨달음으로 한 발 나가고자 한다면, 지금 내 의견이 정말 나의 생각인지 냉철히 돌아봐야 한다. 내 생각이 담긴, 진정한 내 말이 나올 때 깨달았다 한다.

죽음도 늙음도
멈출 수 없다

 차를 운전하다 보면 아찔한 위기의 순간을 넘길 때가 있다. 그럴 때 "아, 하마터면 죽을 뻔했다."라고 말한다. 하지만 결과적으로는 죽지 않았다. 내가 죽을 시간이 아니었기 때문이다. 죽을 뻔했다는 것은 내 생각일 뿐이다.

 만일 오늘 아침이 내가 죽을 시간이었다면, 아무리 살고자 해도 이 우주가 더 이상 허락을 하지 않는다. 돈이 많은 재벌이어서 최첨단 의료기기의 도움을 받더라도 오늘이 죽어야 할 시간이면 여지없이 죽고 만다.

 우리는 내면 깊숙이 늘 죽음에 대한 두려움을 갖고 산다. 이것은 생각이다. 실제 죽음과는 아무 상관이 없다. 그런데 그 두려움이 아무리 커도 죽을 시간이 아니면 죽지 않는다. 죽음이라는 것은 내 의지하고는 상관없이 일어나는 것이다.

 인명재천(人命在天)이다. 이 이치를 알면 죽음에 대한 두려움에서 성큼 벗어날 수 있다. 죽을 시간이면 접시 물에도 빠져 죽을 것이고, 죽을 시간이 아니면 차가 구르고 뒤집어져도 죽지 않을 것이므로 불안함도 훨씬 덜 수 있다.

 한 개의 별이 폭발할 때 스스로 노력한다고 1초라도 폭발을 늦출 수 있을까? 절대 아니다. 내가 유기농 식품만 가려 먹고 열심히 운동한다고 죽음이나 늙음을 1초라도 늦출 수 있을까? 아니다.

 우주가 원하는 방향으로 모든 것들이 펼쳐진다. 우주는 우리의 안타까운 사정을 봐주지도 않고 관심도 없다. 우주 안에 있는 한 우리는 죽음을 멈출 수 없다. 늙음도 멈출 수 없다.

행복 때문에
고통스럽다

마을에 홍수가 나서 여럿이 죽고 집이 파손되었다고 가정해 보자. 그중에 가족이나 친지가 있어서 내가 마음을 둘 때는 고통스럽다. 그러나 상관없는 타인이라 마음을 두지 않을 때는 고통스럽지 않다. 자식이 교통사고가 나서 다치면 그 부모는 고통스럽지만 다른 사람들은 그렇지 않다. 내 자식이 1등을 했다면 뛸 듯이 기쁘지만 이웃집에선 시큰둥하다.

고통이나 행복이 실체가 있다면 다 같이 아프거나 기뻐해야 하는데 그렇지 않다. 실제로 행복이나 고통은 있는 것이 아니다. 내가 행복한 마음을 내면 행복해진다. 그러나 그 행복이 나한테 작은 손해라도 입히면 또 고통을 받는다.

오늘도 우리는 일이 힘들어도 참고 견딘다. 내일의 밥과 행복을 위해서이다. 내일의 행복을 지우면 지금 고통스러워하지 않아도 된다. 내일의 행복을 추구하려면 지금 희생해야 하니 괴로운 것이다. 미래의 경제적, 육체적 어려움을 걱정하는데 사실은 미래라는 것도, 나라는 것도 실체가 없는 것인 줄 알아야 한다.

지금 이대로가 아무 문제가 없다. 내일의 행복을 추구할 때 이미 고통이 시작된다. 그러나 사람들은 고통 없는 행복이 있는 줄 착각하고 산다. 행복을 추구하려면 그것과 함께 오는 고통도 받아들여야 한다. 행복과 고통은 자석의 N극과 S극처럼 꼭 붙어 다닌다.

아흔 살 노인은 팔십만 됐어도 날아다닐 것이라고 푸념하지만, 정작 팔십 노인은 자신이 언제 이렇게 나이를 먹었냐고 절망한다. 그래서 오늘도 우린 행복하지 않다. 지금 상황에서도 행복이 차고 넘치는데, 늘 멀리 있는 것이나 지나간 것을 바라보니 삶이 고통이다.

어떤 아내는 남편이 퇴직해서 집에만 있어서 힘들었다. 그런데 누군가 툭 던지는 이 말에 깜짝 놀라 자신을 돌아보았다고 한다.

"남편이 살아 있잖아요?"

지금 이 순간 존재함이 넘치는 행복이다. 더 가지고 싶은 추구심이 생기면 고통이 수반된다. 행복해지고자 하면 영원히 고통과 함께해야 한다. 그렇다면 이제라도 아무 문제 없이 완벽한 현재를 살 줄 알아야 한다.

다른 생명이 죽어야
내가 산다

　모든 생명은 다른 생명을 취해야 살 수 있다. 미생물에서부터 거대한 코끼리까지 다른 생명을 먹어야 존재할 수 있다는 것이다. 캔에 든 양초는 다 타버리고 밑에 촛농이 없으면 10초도 버티지 못하고 불이 꺼진다. 사람 또한 마찬가지이다. 사람은 몸에 축적된 영양분으로 50일을 버틸 수 있다고 한다. 그 후에는 외부 공급이 없으면 5분을 버티지 못하고 죽는다.

　우리가 살아가고 있는 이 삶이 곧 죽음이다. 내가 하루를 살면 다른 생명들이 오늘 죽어야 한다. 내가 오늘 아침 눈을 뜬 것이 지극히 평범한 일 같지만 이것은 참으로 거룩한 일이고 기적이다. 오늘을 사는 것이 아무것도 아닌 것이 아니다.

　어떤 생명이든 죽기를 싫어한다. 철마다 핀 풀꽃도 늘 가위질을 해대는 꽃집 주인이 걸어가면 사시나무처럼 온몸을 떤다고 한다. 오늘도 차를 타고 출근을 하면 바퀴 밑에 다른 생명이 깔려 죽고, 걷기만 해도 많은 생명이 밟혀 죽는다. 우리는 다른 생명이 끊임없이 우리를 위해 희생해 준 덕분에 지금 떠오르는 태양도 보고, 아름다운 단풍도 즐길 수 있다.

어느 날 식탁에 차려진 밥상을 보고 깜짝 놀랐다. 나는 미역이나 고등어한테 해준 것이 없고, 배추한테 보태준 것이 아무것도 없는데 그들은 통째로 생명을 바쳐서 내 앞에 와 있었다. 그 순간 정말 그들에게 감사한 마음이 들었다. 보잘것없는 나에게 이 자연은 그냥 통째로 자신을 내어주고 있었다.

길가에 피어 있는 민들레가 다른 꽃들보다 작고 초라해도 자세히 관찰해 보면 그 안에 온 우주가 응축되어 있다. 그 아름다움은 바로 살아 있는 내가 있기에 가능한 것이다. 그럼에도 우리는 아침마다 눈을 떠도 행복해하지 않는다.

오늘도 내가 눈을 떴기 때문에 비를 맞고, 꽃을 만지고, 바람의 숨결을 느낀다. 내가 누구인지를 찾기 전이라도 지금 존재하는 내가 얼마나 위대한지 알아야 한다. 다른 생명이 날마다 죽어야 내가 하루를 살 수 있다는 것을 잊으면 안 된다.

지위가 있고, 돈이 많고, 똑똑한 사람이 세상의 주인공일 것 같지만 그것이 아니다. 세상은 정말 나를 위해 돌아가고 있다. 아침에 눈을 뜨는 감사함에 저절로 두 손을 모으게 된다. 내가 하루를 사는 것이 그냥 주어지는 것이 아니다. 이것을 아는 것이 나를 찾아가는 길이다.

우주는
자랑하지 않는다

　우리는 일을 하고 대가를 받지 못하면 손해를 봤다고 생각한다. 돈을 받고 일하는 것은 정당한 거래라 여긴다. 그러면 지금 눈앞에 놓인 사과를 먹었는데 사과에게 값을 지불한 적이 있을까? 고등어구이를 먹었는데 고등어에게 값을 지불한 적이 있을까? 닭고기를 먹었는데 닭에게 값을 지불한 적이 있을까? 소고기를 먹었는데 소에게 값을 지불한 적이 있을까?

　배고픈 나 때문에 사과와 고등어를 가져오고 닭과 소를 죽였는데, 우리는 그것을 너무도 당연히 여기고 산다. 그들은 나라는 한 생명을 위해서 목숨을 바쳤는데 우리는 그 값을 한 번도 치르지 않았다. 오늘도 우리가 건넨 돈은 그들 주인이라는 사람들이 가져갈 뿐이다.

　내 생명이 귀하면 다른 생명도 모두 귀하다. 인간이라는 이유로 일방적으로 다른 생명의 목숨을 뺏는 것은 부당하다. 염소는 산에서 풀 뜯으며 놀고 싶고 새끼도 키우고 싶은데, 우리는 염소가 몸에 좋다는 이유로 사정 볼 것 없이 끌고 와버린다. 그들도 한 생명으로서 우리와 똑같이 고통을 느끼고 기쁨을 느낀다. 자연이 주는 생명은 함부로 대해도 되는 물건이 아니다.

인간은 남한테 조금만 베풀어도 자랑하고 싶어 안달하는데, 사과나무가 우리를 위해 모든 것을 바쳤다고 자기를 내세운 적이 있던가? 소가 우리를 위해 죽었다고 자랑한 적이 있던가? 넓은 바다를 헤엄치는 고등어는 전부를 우리한테 바친다. 그들은 오직 우리를 위해서 모든 것을 내어주고 죽을 뿐이다.

'나란 존재가 생각보다 이기적이었구나!' 이것을 알아야 존재의 본질에 다가갈 수 있다. 우리는 태어나고 죽을 때까지 모든 것을 자연으로부터 얻고 있다. 하지만 자연은 자신들의 희생을 우리에게 한 번도 자랑하지 않는다. 정말 이 우주는 자랑하지 않는다.

우주는 무자비다

먹이사슬의 맨 아래에 있는 박테리아는 아메바가 먹고, 아메바는 동물성 플랑크톤이 먹고, 그 플랑크톤은 물속 유충이 먹고, 유충은 물잠자리가 먹고, 물잠자리는 여치가 먹고, 여치는 개구리가 먹고, 개구리는 뱀이나 새들이 먹는다. 이런 먹이사슬은 생태계를 유지하는 데 중요하다. 하나의 종이 멸종하면 다음 소비자가 영양분을 섭취할 수 없게 되고 생존 자체가 위협을 받기 때문이다.

먹이사슬의 최상위엔 인간이 있다. 그렇다면 인간은 누구한테 먹힐까? 인간은 세균, 바이러스, 곰팡이 등이 일으키는 감염이나 세포의 변이로 인한 질병으로 죽는다. 이런 것을 보면 가장 큰 것은 가장 작은 것한테 먹힌다. 즉, 극과 극은 통한다는 것이다.

먹이사슬이 어김없이 돌아가야 생태계의 평형을 유지한다. TV 영상에 사슴이 도망치다 하이에나한테 잡아먹히는 장면이 나온다. 사슴은 죽지 않으려고 전력으로 도망치는 것처럼 보였지만, 다른 시각으로 보면 기꺼이 죽어주고 있다. 만약 사슴이 죽지 않았다면 상위 포식자인 하이에나들은 굶을 수밖에 없다. 생태계의 순환을 보면 이 우주가 희생과 사랑으로 돌아간다는 것을 알 수 있다.

그렇다면 이 우주는 정말 사랑이 넘치는 곳일까? 관점을 다르게 하면 우주는 사랑이라곤 찾아볼 수 없는 무자비한 곳이다. 아프리카 밀림에서는 약육강식의 위협적 공격이 끊임없이 일어난다. 약하다는 이유 하나만으로 포식자에게 잡아먹히는 현장은 공포스럽지만 아무도 이 자연의 섭리를 거스를 수는 없다.

2011년 동일본 미야기현 동남쪽 바다에서 9.0의 강력한 지진이 일어났는데, 30분이 지나지 않아 40.5m 쓰나미가 6개 현을 휩쓸었고 후쿠시마 원전이 폭발하는 대참사가 일어났다. 자연재해로 평범한 일상이 송두리째 사라진 끔찍한 충격은 아직도 진행 중이다.

우리는 필요하면 송아지에게 젖을 먹이는 어미 소도 끌고 와서 도축한다. 병아리 공장에서는 매일 수탉 수백 마리가 암탉과 헤어지고 죽임을 당한다. 심지어 사료가 비싸지면 어린 것들을 모조리 시장에 팔아버리기도 한다. 또 아프리카열병이 도는 지역의 모든 돼지는 살처분된다. 이 우주는 조건이 맞지 않으면 어미든 새끼든 즉시 죽여버린다.

이 우주는 다른 생명을 위한 사랑이 넘치는 곳이면서 동시에 조건이 맞지 않으면 다른 생명을 무자비하게 빼앗아 버리는 잔인한 곳이기도 하다. 양쪽을 다 알아야 제대로 아는 것이다.

  나 역시 그렇게 순환이 되어야 하는 생태계의 일부로 존재한다. 다른 생명이 그러하듯 우주의 섭리를 따르며 사는 것이 깨달음의 삶이다.

당신은
초능력자입니다

 우리가 매일 밥을 먹는데 어떻게 위장이 그것을 소화시키는 것일까? 지금 가만히 앉아 있는데 어떻게 심장이 몸에 피를 돌게 할까? 사과를 한 입 먹으면 어떻게 혀는 맛을 아는 것일까? 친구를 만나면 어떻게 내가 재미있는 이야기를 술술 하는 것일까?

 나는 알고 보면 위대한 초능력을 가진 존재이다. 지금 이 순간 눈을 떠서 살아 있는 것! 이대로가 초능력이다. 넘어지지 않고 길을 걸어갈 수 있고, 걸어가다 보면 피곤한 것을 느끼고 쉬어갈 줄도 안다. 지금 내리는 것이 비라는 것을 알고, 또 비를 맞고 웅크린 길고양이가 배고픈 것을 알아채기도 한다.

 그냥 우리가 살아 있기 때문에 배가 고픈 줄 안다고 생각하면 나를 찾지 못한다. "맞네! 내가 지금 이 순간 살아 있음이 초능력이네." 이렇게 곧바로 받아들여야 한다.

 하늘에 구름이 흘러가는 것을 볼 수 있는 것도 초능력이다. 내가 추우면 추운 것을 느끼고, 더우면 더운 것을 느끼고, 아름다운 것을 보면 좋아하고, 더러운 것을 보면 싫어하고, 상한 음식을 먹으면 배탈이 나는 모든 것이 초능력이다. 이것이 바로 부처이고 진리이다. 우리가 아무리 돈이 많더라도 이 진리를 모르면 죽은 것과 같다.

왜 나이를 먹으면 노쇠해서 다리가 아프고, 귀가 들리지 않고, 눈이 잘 보이지 않게 되는 것일까? 왜 목욕탕에 가서 따뜻한 물에 몸을 푹 담그면 편안하고 기분이 좋아지는 것일까? 오늘 하루를 살아가는 이 모든 것이 초능력의 발현이다.

지금 출근해서 온갖 일들이 산더미처럼 쌓여 있으면 걱정이 몰려온다. 걱정하지 말라고 스스로 다독이지만 그것도 아무런 문제가 없는 진리의 나타남이다. 우리가 병에 걸리면 그것도 진리의 나타남이고, 도(道)의 나타남이다. 우리 존재의 의미를 깊이 성찰할 기회를 주기 때문이다.

나는 본래 있는 이대로가 초능력 덩어리다. 이것을 알고 사는 삶은 그대로 기쁨이고 자유이다.

불교에는
주어인 내가 빠져 있다

　오늘날 불교의 가르침에는 한 가지가 빠져 있다. 이것이 불교 공부를 30~40년 해도 깨어나지 못하는 이유이다. 색즉시공, 연기법, 윤회 모두 중요한 내용들이다. 그런데 모든 설명에 가장 중요한 주어인 '내'가 빠져 있다. 아무리 경전을 보고 법문을 들어봐도 '내'가 빠져 있다.

　언제나 출발은 오직 1인칭 단수인 내가 있어야 한다. 내가 있어야 색즉시공이 있고, 공즉시색이 있고, 연기법이 있다. 내가 있어야 세상도 있다. 내가 없이는 그 무엇도 있을 수 없다. 내가 있어야 자식도 있고, 미운 사람도 있고, 좋은 사람도 있다.

　《법화경》이 어떻고,《반야심경》이 어떻고,《금강경》이 어떻고 아무리 공부해도 눈을 뜨지 못하는 이유는 내가 없어서 그렇다. 지금 눈을 뜨려면 가장 중심에 언제나 나를 두어야 한다.

　명상할 때도 앉아서 코를 통해 숨이 들어가는 것을 인지하고 숨이 나가는 것을 인지한다. 그리고 어떤 생각이 들면 생각이 드는 것을 인지하고, 몸에 무엇이 닿으면 그 촉감을 인지한다. 그런데 거기에도 그것을 인지하는 자가 누구인지 모르면 안 된다. 길을 걸어갈 때도 '오른쪽 발이 땅에 닿네, 다시 왼쪽 발이 땅에 닿네. 종소리가 들리네, 새 소리가 들리네.' 하고 감각에 주의를 기울이는데, 중요한 것은 그것을 인지하는 자, '내'가 누군지를 알아야 한다는 것이다.

깨달음이란 이 순간 존재하는 내가 누군지를 아는 것이다. 온갖 경전을 연구해도 그 공부하는 자가 누구인지 빠져 있으면 가장 중요한 주체가 빠진 것이다. 나는 빼놓고 부처님의 말씀을 천년 익혀도 아무 의미가 없다. 부처님의 경전을 배우는 자, 즉 '내'가 있어야 한다. 그 공부하는 자가 누구인지를 꼭 챙겨야 한다.

나를 찾는데 책을 봐야 하는가? 나를 찾는데 누구한테 물어봐야 하는가? 나를 찾는데 삼천 배를 해야 하는가? 나를 찾는데 《금강경》 사경을 해야 하는가? 모두 맞지 않다. 나는 그냥 존재하는 이대로가 나이기 때문에 나를 잘 살피면 된다. 그런데 우리는 마음을 나에게 두지 못하고 자꾸 바깥세상으로 돌린다. 그것이 에고의 마음이다.

에고는 세상에 마음을 두고 있다. 어떻게 하면 내 자식이 남들보다 성공할까? 어떻게 해야 돈을 더 벌까? 이런 생각에 우리는 에고를 붙들고 세상에 집착한다. 에고의 생각은 세상을 살아가는 데는 맞다. 하지만 에고는 내가 왜 이 세상에 태어나서 지금 이렇게 살고 있는지? 지금의 나는 누구인지? 이런 본질을 찾는 여정에는 방해가 된다. 진정한 나는 내 밖에 있는 것이 아니기 때문이다.

언제나 마음을 내 안에 두어야 한다. 에고는 진짜 내가 아니다. 에고에 속으면 영원히 지금의 몸과 마음이 나라고 하는 데 넘어가 버린다. "에고만이 진짜 나야." 이렇게 믿게 만드는 것이 바로 에고이다. 그래서 깨어나기가 어렵다.

나는 처음부터
깨달아 있었다

왜 아직
깨닫지 못하는가?

 진짜 나를 찾는 것이 깨달음이다. 지금까지 깨닫지 못했다면 내 생각을 바꾸든지 뒤집든지 해야 한다. 언제나 내가 옳고 남들은 틀렸다는 관점을 근원적으로 고민해 봐야 한다.

 우리는 매일 내 식탁에 오르는 수많은 생명에 대해서는 깊이 생각해 보지 않는다. 다른 생명의 목숨을 취하는 일이 너무 자연스러운 일상이다. 남이 나한테 위협을 가하면 절대 용납하지 않으면서 나를 위해 소를 죽이고, 돼지를 죽이고, 고등어를 죽이는 것은 왜 당연시할까? 왜 그들이 나를 위해 죽어야 하는가? 진정 내가 착한 사람이라면 그들을 살리고 내가 죽어야 하는 것은 아닐까? 우리는 한 번도 자신이 지닌 가치들을 의심해 본 적이 없다.

 또 우리는 마음먹은 대로 일이 되지 않으면 스트레스를 받는데 오히려 다행스러운 일이다. 우리가 마음먹은 대로 되면 이 세상은 끝장난다. 생각해 보면 마음먹은 대로 되지 않기 때문에 이 세상이 잘 돌아간다. 마음먹은 대로 되어야 한다는 이 생각이 고통의 출발임을 알아야 한다.

어떤 아내는 남편의 마음씨와 경제력이 자신의 기준에 미치지 못해서 매사 짜증이 난다고 말한다. 남편에 대한 평가 기준이 자신이 만든 잣대이고, 그 생각이 잘못된 것임을 돌아보지 않는 한 불행한 시간이 이어질 것이다.

아픈 사람들은 약을 먹으면 병이 낫고 건강에 좋을 것이라 믿는다. 그러나 약은 일시적으로 도움이 될 뿐이다. 약을 먹는다고 해서 생명이 1초도 늘어나지 않는다. 약을 먹고 생명이 1초라도 늘어난다면 세상은 뒤집어질 것이다.

깨달음은 상식적이고 논리적인 사고를 넘어서 있다. 깨어나려면 지금부터라도 내 생각을 모두 내려놓아야 한다. 나를 찾아가는 길은 내가 다 틀렸다는 것을 인정하고 끊임없이 자신을 돌아보는 것이다.

나는 왜 아직 깨어나지 못하는가?

우리는 생활하면서 우선적인 일부터 순차적으로 실행한다. 아침에 자고 일어나면 제일 먼저 화장실에 가고, 밥을 먹고, 양치를 한다. 그리고 설거지를 하고, 직장에 가서 온갖 일을 하지만 무턱대고 움직이지 않는다. 중요도나 긴급성에 따라 일의 우선순위를 결정하고 행동한다.

오후에 머리 커트하러 미용실에 가려고 했는데, 친구가 아프다고 연락이 오면 우선순위는 친구 병문안으로 바뀐다. 우선시했던 일이 그날의 상황에 따라 뒤로 밀려나는 경험은 다반사이다.

우리는 짧게는 하루, 한 달, 삼 년, 시간 단위는 다르지만 내가 중요하게 여기는 우선순위가 있었을 것이다. 내가 무엇을 우선순위로 여기고 살아왔는지 돌아봐야 한다. 그것의 결과가 지금 내가 사는 모습이다.

박사가 되는 것을 우선시했으면 열심히 공부해서 박사가 되었을 것이고, 대기업 취업을 우선시했으면 그것에 맞게 준비해서 취직했을 것이다. 또, 나이 들어 자신이 전원주택에 사는 것을 우선시했으면 지금 그렇게 살고 있을 것이다.

어떤 아내가 지금의 남편이 마음에 들지 않는다고 하는데 그 생각에 오류가 있음을 모르는 것이다. 본인이 30년 전에 일등 신랑감으로 우선 선택한 사람이 지금의 남편이다. 지금 내가 서 있는 자리는 내 선택의 결과물이다.

병원에 근무하는 어떤 분은 내방객의 모습만 봐도 병원에 온 이유를 금방 짐작한다고 했다. 정신없이 머리가 헝클어져 있으면 아들이 위급한 것이고, 머리를 잘 정돈하고 입술 바르고 오면 시부모가 아프다는 것이다. 우리가 무엇을 우선시하고 사는지가 삶에 그대로 드러난다.

내가 아직도 깨어나지 못하는 것은 마음공부를 우선시하지 않았다는 입증이다. 오늘도 친구를 만나 수다 떠는 것이 중요했고, 다음 날은 헬스장에서 운동하거나 소파에 누워 드라마 보는 일이 우선이었다. 우리는 마음공부가 중요하다고 말하지만 이렇게 자주 미루고 또 외면해 버리고 살아간다.

지금 자신의 삶을 통해 그동안 자신이 무엇을 우선으로 선택하고 살아왔는지 돌아봐야 한다. 그러면 앞으로 자신이 무엇을 우선으로 선택하고 집중할 것인가? 하는 것에 대한 그림이 그려질 것이다. 내가 사는 모습은 내가 만드는 것이다.

간장 먹고
짠맛 알면 부처이다

　지금 간장을 먹어보고 짠맛을 알면 부처이다. 부처가 되는 일이 그만큼 쉽다. 짠맛을 아는 그것은 부처가 아니면 모른다. 내가 참나가 아니면 모른다. 지금 이 마음 이대로가 부처라는 것이다. 오늘 날씨가 춥고 따뜻하다는 것을 누구나 아는 것처럼, 이 말은 너무 쉽고 간단해서 더 이상 비밀이 아니다.

　그런데 우리는 이대로는 부처가 아니라고 한다. 이미 다 드러나 있는 이 진리를 보지 못하는 이유는 무엇일까? 끊임없이 남들과 비교하며 상대적 박탈감으로 살아가느라 나의 본질을 마주하지 못한 것은 아니었을까? 남들보다 키가 작고, 미인이 아니고, 좋은 대학에 진학하지 못하고, 알바를 전전하는 자신이 너무 싫어서 우리는 내 안에 조용히 빛나고 있는 본성을 볼 수 없었던 것은 아닐까?

　우리는 이미 완전하다. 처음부터 위축될 이유가 전혀 없는 당당하고 자유로운 삶의 주인은 바로 나 자신이다. 지금 바로 여기, 부처의 마음을 이미 가지고 있기 때문이다. 이 지혜의 마음을 가지면 세상의 본질을 볼 수 있다.

혓바닥은 짠맛을 느낀다. 코는 냄새를 맡는다. 탁! 치는 모양을 눈으로 보고 귀로 그 소리를 듣는다. 그러나 결국 모든 것은 나의 근원인 마음 없이는 작동하지 않는 것을 알아야 한다. 안이비설신(眼耳鼻舌身) 오근이 결국 마음 하나로 모인다는 것이다. 세수하고 로션을 바르고 옷을 차려입은 이 육체는 내가 아니다. 이것을 움직이려면 마음이 있어야 한다. 그 마음이 '나'다.

우리 삶을 움직이는 것은 결국 마음이다. 내 마음이 가지 않고 마주 앉은 당신이 보일까? 아니다. 내 마음이 나타나야 당신이 보인다. 내 마음인 나의 나타남이 당신이다. 그래서 나는 당신이다. 너무 쉬운 것은 너무 어려운 것과 맞닿아 있다. 깨달음에 이르는 길도 그런 여정이다.

내가 있어야
우주가 있다

 깨달은 사람들은 하나같이 깨닫고 보면 모두가 다 깨달아 있다고 말한다. 우리는 더 닦을 것 없이 이미 깨달음을 얻은 상태이며, 단지 스스로 깨닫지 못했다는 생각만 버리면 된다는 것이다.

 우리는 우주가 먼저 있고 그 위에 내가 태어나 살고 있다고 잘못 생각한다. 깨달음에서 중요한 첫걸음은 내가 있어야 우주가 있다는 것을 아는 것이다. 또 나는 죽고 없어도 이 세상과 다른 사람들이 남아 있을 것이라고 여긴다. 깨닫고 보면 그것도 잘못된 생각이다. 그런 말을 살아서 하지 죽어서는 못하기 때문이다. 죽은 사람은 이 세상이 남아 있는지 없는지 절대 알 수 없다.

 깨달음으로 가려면 다른 사람들이 아닌 나에게 집중해야 한다. 내가 있어야 이 세상이 있고, 내가 있어야 기분이 나쁜 일도 느끼고, 딸의 사랑을 받고 감동받을 수 있다. "별이 있다." "달도 있다." "비가 와서 싫다." "오늘은 날이 왜 이렇게 더운

거야?" 이런 말을 하는 특권도 내가 존재해야 누릴 수 있다. 내가 없이는 이 세상이 없다.

나보다 타인이 재물이 많거나 똑똑하거나 잘생기면 열등감이 생긴다. 그런데 그 열등감의 가장 중요한 모체인 내가 있어야 열등감을 느낄 그들이 있는 것이다. 내가 없으면 당신도 세상도 우주도 없다. 그러므로 내가 당당히 살지 않을 이유가 없다.

내가 누구인지, 내가 무엇인지를 알려고 할 때는 나에게 집중하면 된다. 기존의 사고를 뒤집어서 내가 먼저 존재하고, 내가 존재함과 동시에 세상이 있다고 봐야 한다. 내가 죽으면 동시에 세상이 없다고 그렇게 생각해 나가면 깨달음에 도움이 된다. 깨닫고 보면 사실이 그렇다.

우리가 사는 것은
찰나뿐이다

불교에서는 찰나를 산다고 한다. 우리는 어제도 그제도 엊그제도 같은 환경, 같은 풍경을 보면서 살아가고 있는데, 어떻게 찰나뿐이란 말일까? 내 아내와 자식을 어제도 오늘도 보고 살고 있는데, 왜 지금 이 순간 찰나밖에 없다고 할까?

찰나, 이 말은 주장자를 '탁!' 하고 내리치는 소리에 비유된다. 잠깐 탁, 일어났다 사라지는 이 소리는 과거나 미래에서 온 것이 아니다. 우리 삶도 그와 같다. 우리의 삶이 과거에서 계속 연결이 된다고 보지만 그렇지 않다. 나라는 생각이 드는 찰나마다 나도 삼라만상도 처음 태어난다는 것이다.

우리가 지금 보는 사물이 1초 전에 본 그것일까? 타임머신을 타고 가면 그것을 증명할 수 있을까? 1초 전으로 간다면, 1초 전 시간이나 풍경이 다 처음 보는 것이 된다. 하루 전으로 간다면, 하루 전 시간도 풍경도 모두 낯선 것들이다. 타임머신을 타고 간 1초 전, 하루 전 시간은 모두 미래이기 때문이다. 본질적으로 우리가 지금 보는 사물이 1초 전에 본 그것이 아니다.

　지금 내 아내를 볼 때 '어제 내 기억에서 본 그 사람이다.' 하고 그냥 살고 있다. 내 아내는 이 찰나, 지금 처음 보는 아내이다. 1초 전에 봤던 과거의 그 아내가 아니다. 나 역시 어제의 내가 아닌데, 과거부터 있던 내가 계속 이렇게 이어오면서 살고 있다고 착각한다. 찰나마다 처음 열리는 세상이지만 단지 내 기억 속에서 늘 봤다고 착각하며 살아갈 뿐이다.

　우리는 태어나서 죽을 때까지 두 번 볼 수 있는 것이 아무것도 없다. 지금 이 순간, 찰나만 있을 뿐이다. 우리는 이 찰나밖에 살지 못한다. 찰나를 탁 보는 순간에 새것이 오고, 또 다음 찰나와 새것이 온다. 나라는 생각이 드는 순간마다 나도, 세상도 계속 새롭게 펼쳐진다.

　이 찰나, 이 순간 나는 존재하고 있다. 내가 미국에 가거나, 서울에 가거나, 부산에 가거나, 어디서나 항상 지금이다. 지금 이 순간이 전부이다. 5분 전도 아니고 5분 후도 아니다. 내가 존재하는 것은 지금밖에 없다. 그것이 찰나라는 것이다. 찰나, 그전에 본 것은 없다.

　항상 앞에 있는 저 소나무도 어제 보던 것인 줄 알지만 그렇지 않다. 매일, 매 순간 처음 보는 소나무인데, 내 기억 속에 단지 계속 그 자리에 있다고 생각하는 그것 말고는 없다. 이 세상이 늘 보던 것, 늘 듣던 것이라는 그 착각만 지우면 우리는 언제나 찰나적인 삶을 산다. 이렇게 생각하는 것이 깨달음 공부에 도움이 된다.

왜 깨달아야 하는가?

　인도에 카스트 제도가 있다. 최상위 브라만은 승려 계급이고, 그 아래 왕과 귀족 계급인 크샤트리아가 있다. 왜 왕과 귀족이 아닌 승려들이 제일 높은 신분이었을까? 지금 존재하는 내가 누구인지 아는 것을 가장 높은 지혜의 덕목으로 여겼기 때문이다. 인도 전역을 다스리는 왕이라 할지라도, 인도 전체를 살 수 있는 재물이 많은 부자라 할지라도 지금 이 순간 존재하는 내가 누구인지 모르면 지혜로운 삶을 펼칠 수 없다는 것이다.
　노벨상을 다섯 번이나 받은 사람도, 세계적으로 인정받는 지식인도 부러워하고 존경하는 사람이 있다. 바로 지금 이 순간 존재하는 내가 누구인지를 깨달은 사람이다. 세계를 제패했던 알렉산더가 거지였던 디오게네스에게 평생 열등감을 가졌던 것처럼, 나를 알지 못하면 높은 권력과 명예도 아무 의미가 없다.
　우리는 당면한 걱정과 근심을 해결하기 위해 돈을 많이 벌고 싶어 한다. 가족들이 풍족히 먹고 잘 사는 데 모든 코드가 맞춰져 있다. 그래서 남들보다 더 많은 물질을 추구하려고 전력을 쏟는다. 하지만 그것보다 우선 해결해야 할 과제가 있다. 그것은 내가 누구인지를 아는 것이다. 물질은 결코 행복을 가져다 주지 않는다.

지금 이 순간 나는 어디서 왔으며, 어디를 향해 가고 있으며, 왜 태어났는가? 끝없는 우주의 한쪽 귀퉁이 지구라는 별에서 왜 나는 늙고 병들고 죽는 것을 두려워하는가? 왜 편안함을 추구하고 고통을 싫어하는가? 나의 정체가 과연 무엇인가?

모든 지식의 끝점에 이런 질문에 대한 답이 있다. 가장 위대한 지혜의 완성은 나 자신을 아는 것이다. 이것은 인류 역사 이래 가장 많이 논의되어 온 쟁점이지만 많은 수행자들이 지금도 그 답을 찾고자 공부 중이다.

나는 누구인가? 이것은 500년 전에 태어나 죽은 사람도, 미래에 태어날 사람도 알 수가 없다. 내가 지금 존재하고 있음이 중요한 단서다. 지금 이 순간 존재하는 자, 나만이 이 문제를 해결할 수 있다.

지금 존재하고 있는 나는 축복 속에 있다. 나는 이 순간 존재하고 있는 내가 누구인지를 알 수 있는 절호의 기회를 맞이했기 때문이다. 지금 내가 누구인지 알고자 하면 분명히 알 수 있지만 알고자 하지 않으면 영원히 알 수 없다.

깨달은 사람과
깨닫지 못한 사람의 차이

참자아를 알고 나면 내가 느낀 고통이 영화처럼 실재가 아니었다는 것을 알 수 있다. 영화를 볼 때는 악당에 맞서는 주인공이 죽을지 살지 걱정에 휩싸인다. 그런데 영화가 끝나면 그런 일은 전혀 없다. 눈을 떠보면 지금 우리가 사는 현상계가 바로 그와 같은 환영이고 꿈이라는 것이다.

삼라만상은 참자아의 나타남이다. 폭탄이 터지고 비바람이 쳐도 바탕인 참자아는 찢어지거나 젖는 일이 없다. 참자아는 무슨 일이 일어나도 속지 않고 개의치 않는다. 설령 세상에 핵폭발이 일어나도 일어난 적이 없다.

깨달은 사람은 우리 삶이 스크린 속의 영화와 같음을 안다. 우리의 희로애락은 영화가 끝나면 사라지는 영상일 뿐이다. 그들은 영상과 같은 이 현상계를 보지 않고 그 바탕인 참자아를 본다. 본성인 참자아에 머문다.

그래서 그들은 나와 이 현상계를 별개로 보지 않는다. 나와 자동차, 나와 집, 나와 소나무 등이 모두 같은 본성에서 나온 하나인 줄 안다. 모든 것이 '나'인 참자아의 나타남이므로 욕심이나 집착의 굴레에서 벗어나 삶이 편안하고 자유로워진다.

깨닫지 못한 사람은 현상계를 실재하는 것으로 본다. 그래서 안타깝고 슬프다, 고맙고 미안하다, 밉고 싫다 등의 온갖 감정에 휘말리고 속아서 울고 웃는다. 마치 영화를 보면서 생생하고 긴박한 사건의 전개에 집착하고 몰두하는 것과 같다.

그들은 나와 이 현상계를 별개로 본다. 자동차, 집, 소나무 등이 나와 다른 객관적 실체를 가진 별개라는 것이다. 그래서 더 소유하고 싶은 욕망의 굴레에 빠져서 헤어 나올 수 없게 되어 삶이 계속 고통스러워진다.

깨달은 사람은 오직 나의 진면목인 참자아를 보지만, 깨닫지 못한 사람은 자신의 진면목을 보지 못하고 눈에 보이는 것들에 휘둘린다.

영화가 끝나면 빈 스크린뿐이다. 애석하고 서럽게 남은 장면을 잡으려고 하지만 손에 잡히는 것은 스크린뿐이다. 이처럼 우리의 이야기도 끝나면 참자아만 남는다. 여러 이야기들이 나타났다가 사라지지만, 그 바탕인 참자아는 그대로 있다는 것이다. 그 참자아가 바로 '나'다.

내가 '보는 자'이고 그 안에 현상계가 있기 때문에 내가 없으면 이 현상계도 없다. 즉, 보는 자가 없으면 보이는 대상도 없다는 것이다. 이 사실을 알면 보이는 대상을 참자아와 다른 객관적인 실체로 생각하는 무지에서 벗어날 수 있다.

'현상계가 먼저 있었는데 내가 태어나서 보는 것이지.' 이렇게 생각하면 내가 누구인지를 절대 찾을 수 없다. 깨닫기 위해서는 '보는 자'가 먼저 존재해야 하고, 현상계는 그다음 일이다. 즉, '보는 자'인 내가 먼저 존재해야 이 현상계가 있다. 이것을 머리에서 생각하는 것이 아니라 가슴으로 느끼면 진정 참자아를 만날 수 있다.

존재감이 바로 나다

 나는 누구일까? 내가 존재한다고 생각하는 그것이 바로 나다. 내가 알아야 할 대상이 따로 있거나, 무엇을 더 해야 알거나, 좋은 옷을 입거나, 명상을 하거나, 욕심을 버려야 아는 것이 아니다.
 '내가 존재하는구나.' 이 느낌을 불교에서는 '공(空)'이라 한다. '없다' 하려니까 지금 이렇게 존재하고 있다. '있다' 하려니까 눈에도 안 보이고 귀에도 안 들린다. 그래서 '공'이다. 이것은 있는 것도 없는 것도 아니다. 이 '공'이 아니면 지금 내가 존재할 수가 없다.
 '내가 존재하는구나.' 하는 이것이 나의 본래 모습이고 실체이다. 그 위에 육체와 마음이 얹혀서 나라고 여기기 때문에 우린 나를 알지 못한다. 찻잔도, 주전자도, 책도, 별도, 집도, 자동차도 다 그 위에 덧붙여진 생각이다. 거기에서 우주가 나왔다. 이 우주가 나를 만든 것이 아니고, 내 존재에서 이 우주가 나왔다.

나는 지금 이대로 현존하고 있다. 현존 자체가 나다. 하버드 대학을 나오고, 집이 부자이고, 좋은 차를 타고, 똑똑하고 잘생겼다고 하는 온갖 것들은 다 내가 아니다. 우리는 바깥에 보이는 현상계 모두를 실재로 보고, 온갖 수식이 붙은 이것이 나라고 생각하기 때문에 깨닫지 못한다.

나는 그냥 존재일 뿐이다. 나는 그냥 오직 존재 이대로다. 이 나를 아는 데는 특별한 지식이나 수행이 필요하지 않다. 지금 존재하는 본질이 그냥 나다. 눈만 감아도 '아, 내가 존재하는구나.' 하는 것을 알 수 있다. 지금 내가 존재한다는 이 느낌을 다른 사람들은 절대로 알지 못한다. 그 존재감은 내가 깊은 잠이 들어도 그대로 있다. 거기에는 걱정, 근심 아무것도 없다. 그것이 본래의 내 모습이다.

깨달음에 대한 환상을 내려야 한다. 지금 존재한다고 알고 있는 이것, 그대로가 깨달음이며 나다. 실체가 아닌 것을 실체로 착각하면 안 된다. 자꾸 무언가 새롭게 얻거나 저 멀리 어딘가에 이르러야 한다는 이런 행위를 그치기만 하면 참나, 참자아를 바로 볼 수 있다. 오롯이 나만 남을 때 보는 자가 따로 존재하지 않는다. 그저 나로 존재한다, 바로 지금 여기에.

시간이란 없다

 우리는 왜 깨닫지 못하는가? 그것은 모든 사고를 과학적으로 하려고 하기 때문이다. 과학과 합리가 인류의 지성을 발전시켜 왔지만 깨달음은 과학적인 사고로는 절대 얻어지지 않는다. 깨달음의 차원에서 보면 시간이라는 개념은 없다.
 시간은 실체가 없는 것으로 사물의 변화를 인식하기 위해 편의상 설정된 개념에 지나지 않는다. 시간이라는 것은 육체와 마음이 나라는 에고가 있을 때만 생긴다. 진짜 '나'인 참자아는 시간과 공간을 초월한 자리이다.
 불교에서 수 억겁의 세월을 설명하는 것도 지금 우리의 사고가 현상계에 맞춰져 있기 때문이다. 수 억겁이란 없다. 사실은 지금이라는 것도 없다.
 우리는 내 나이가 몇 살이니까 그때 태어났다고 하는데, 사실은 오늘 아침 눈을 뜬 순간 태어난 것이다. 이 말은 우리 현상계의 상식에 맞는 말이 아니다. 또 사람들은 저 태양이 나보다 먼저 있었고, 내가 태어나서 그것을 보는 것이라고 과학적으로 사고한다. 그런데 깨달음의 입장에서 보면 그것은 틀렸다. 사실은 내가 존재하기 때문에 있는 것이다. 내가 이 순간 존재해서 눈을 뜰 때 저 태양이 동시에 떴다. 세상의 시작은 언제나 '나'이기 때문이다.

깨닫고 보면 시간이 존재하지 않는데 현상계에서 볼 때는 시간이 흘러가고 있다. 그러한 통념적 사고의 틀에서 빠져나와 기존에 갖고 있던 지식이나 개념을 내려놓으면, '아하!' 하고 바로 통찰로 들어가 깨어남을 경험할 수 있게 된다. 이 현상계는 모두 하나에서 나왔으며, 그 시작이 바로 나에게서 비롯되었다는 것을 단번에 꿰뚫어 알 수 있다.

깨달으려면 몇 년이 걸릴까? 우리는 이런 의문을 종종 갖는다. 그러나 누구나 이미 깨달아 있다. 단지 내가 깨닫지 못했다는 그 생각이 나를 방해하고 있을 뿐이다. 지금 그 생각만 내려놓으면 언제라도 내가 바로 깨달음이며, 참자아이며, 진리인 줄 즉시 알게 된다.

나는 처음부터 깨달아 있었다

우리가 찾는 본성은 늘 나와 함께 있다. 깨어 있을 때도 본성은 연결되어 있고, 꿈도 꾸지 않는 아주 깊은 잠이 들었을 때나 꿈을 꿀 때도 본성은 그대로 있고, 기절했을 때도 이 본성은 언제나 있다.

내 중심에 늘 흐르고 있는 이것만이 '나'다. 이것을 아는 것이 견성이다. 그런데 이것은 보거나 듣거나 냄새를 맡아서 알 수 없기 때문에 내 에고는 지금 눈에 보이는 이 육체를 나라고 여긴다.

이 본성은 내가 태어나기 전에도 있었고, 내가 죽더라도 그대로 있다. 이것은 우주보다 넓다. 이것을 알면 죽음이 없는 줄 안다. 태어났다는 것도 죽는다는 것도 다 생각이다. 따라서 이 본성의 자리를 알면 죽음의 강을 건널 수 있다. 본성은 여여할 뿐이다.

우리가 알고 있는 이 몸과 마음은 내가 아니다. 꿈속에서 이 몸이 분명히 있었지만 깨고 나면 내 몸이 있었던 적이 없듯이 지금도 똑같다. "아, 꿈과 똑같이 내가 없는데 있다고 했구나." "내 집, 내 차, 내 나이, 내 열등감 모두 내가 지어낸 생각이구나." 현실 속에서 이것을 알게 되면 우리는 모든 구속으로부터 자유로워진다.

깨달음이라는 것은 내가 다른 상태가 되는 것이 아니다. 지금 이대로가 깨달음이다. 내 인생을 뒤흔드는 집채만 한 파도가 덮쳐도 본성 자리는 미동이 없다. 자존감이 낮고, 키가 작고, 말귀를 알아듣지 못하고, 못생긴 얼굴 이대로가 아무런 문제가 없는 본성의 자리이다. 원래 본성은 잘생기고 못생겼다는 가치 기준이 없다.

또 깨달음이 이런 것이어야 한다는 상을 세워놓아서도 안 된다. 남들이 싫은 소리를 하면 불끈 화를 내고 짜증도 내지만 이것도 아무런 문제가 없는 깨달음의 상태이다. 부처님의 제자 앙굴리마라는 99명을 죽이고도 깨달음을 얻었다. 진리의 자리에서 보면 99명을 죽인 적이 없기 때문이다.

우리는 아무도 강요한 적이 없는데 당연히 나는 깨닫지 못한 사람이라 생각한다. 자신을 향한 이 의심을 내려놓아야 한다. 나는 처음부터 깨달아 있었다. 내가 깨달음이다.

부처가 눈앞에 나타나도
당당하라

　부처님은 위대하다. 이렇게 말하는 사람은 바로 나 자신이다. 내가 부처님이 위대하다고 말한다. 말하는 내가 있어야 부처님이 있다는 것이다. 그러므로 내가 가장 위대하다. 이렇게 나밖에 없다는 것을 아는 것이 깨달음이다.

　내가 아무리 돈을 많이 가졌어도 날이 더운데 더운 줄 모르고, 목이 말라도 마른 줄 모른다면 그 돈이 무슨 의미가 있을까? 아무리 대단한 권력과 명예를 가졌어도 즐겁게 마시는 차의 맛을 모른다면 또한 그것이 무슨 소용이 있을까?

　많은 돈을 쥐고 살다가 어제 죽은 사람과 돈 없이 오늘 살아 있는 사람이 있다면 둘 중 누가 행복할까? 지금 존재하는 자체가 행복이다. 아침에 눈 떠서 떠오르는 태양을 볼 수 있고, 목이 마른 줄 알고, 지금 마시는 차의 맛을 느낄 수 있다면 그것이 최고의 복이다. 권력과 명예, 재물이 있어서 잘 먹고 사는 것이 복이 아니다. 우리는 행복의 기준을 물질에 두고 있어서 불행하다.

별도 달도 꽃도 나무도 다 내 마음의 나타남이다. 친구도 부모도 내 마음의 나타남이다. 도심의 빌딩이 멋지다는 것도 바로 내가 만드는 것이다. 지금 이 순간 존재하는 내가 이 세상이 아름답다는 생각을 지어낸다. 나는 보잘것없고 아무것도 아닌 존재가 아니다. 가장 중요한 내가 있어야 이 세상이 있다. 나는 이 전체이다.

이 마음이 더 깊어지면 '천상천하 유아독존'의 참뜻을 알게 된다.

유일한 나의 존재를 깨닫게 되면 삶이 당당해진다. 돈이 없어 불편하게 사는 나한테 지금 부처님이 오시더라도 하나도 위축될 것이 없다. 위대한 부처님도 내가 있어야 오시는 것이기 때문이다.

오직 나 홀로뿐이다

 오직 나 하나밖에 없다. 참자아를 알기 위해서는 이 생각을 기본으로 삼아야 한다. 내가 잠들었을 때는 이 세상은 없다. '잠이 들어서 못 본 것이지, 다른 사람들은 잠든 나를 봤을 텐데.' 이런 생각은 버려야 한다. 그런 생각은 잠이 깨서 내가 존재할 때 추측한 것뿐이다. 그냥 순수하게 나 혼자만 잠이 들었다는 것을 가정해야 한다.
 내가 잠들었을 때는 왜 세상이 없다고 하는 것일까? 잠이 들면 왜 이 세상을 못 보는 것일까? 잠이라는 것을 경험할 때는 내가 세상을 만들지 않았기 때문이다. 잠이 들면 걱정도 고민도 나도 남편도 그 무엇도 없다. 내 자식이 교통사고로 다치면 너무 슬퍼하지만, 잠들었을 때는 슬픔이고, 아픔이고, 그 무엇도 느끼지 못한다.
 내가 누구인지 찾고 싶으면 오직 나만을 한정 지어서 생각해야 한다. 오직 나밖에 없다. 흔히 아버지가 돌아가셨어도 자식인 내가 남아 있거나, 내가 죽어도 자손이 남아 있을 것이라는 생각을 하는데 그것은 추측일 뿐이다. 그렇게 해서는 나를 찾을 수 없다. 죽은 사람은 가족이 그대로 남아 있는 세상을 절대 볼 수 없다. 나 자신을 거치지 않고 나오는 세상이란 없다. 오직 나의 나타남이 있을 뿐이다. 항상 나에게로 생각을 좁혀야 한다.

자다가 꿈을 꾸면 온갖 사물을 생생히 본다. 꿈속 세상이 다 실재처럼 느껴진다. 현상계에 오면 또 이 세상이 생생히 느껴진다. 꿈꿀 때는 이 현상계가 왜 안 보였을까? 다시 깨어나 이 현상계에 있을 때는 왜 꿈속 세상을 보지 못할까?

꿈꿀 때는 꿈속에서 이 육체와 마음을 나라고 여겨서 꿈속 세상을 즉시 펼쳐내고, 지금 현상계에 오면 마찬가지로 이 육체와 마음을 나라고 생각해서 이 세상을 즉시 펼쳐낸다. 또한 우리는 꿈속 세상에 들어갈 때 즉시 몸을 만들어 내고, 이쪽 현상계에 올 때 또 즉시 몸을 만들어 낸다.

모두 내가 펼쳐내는 세상이다. 이 생각은 정상적인 사고로 들으면 거의 정신병원에 갈 수준이지만 존재의 근원인 나를 찾기 위해서는 이렇게 생각해야 한다. 지금까지 가졌던 기존의 사고로서는 나를 찾지 못했으니, 일단 이렇게 생각을 바꾸는 연습이 필요하다.

우리는 지금 나를 찾아가는 긴 여정 속에 있다. 그렇지만 지금 이 순간 존재하는 자신에게 감사해야 한다. 지금 이 순간 존재하기 때문에 더위와 추위, 기쁨과 슬픔의 순간들을 맞이한다. 삶은 지금, 이 순간에만 펼쳐진다.

  내가 있어야 저것이 있다. 저것이 있으므로 내가 있는 것이 아니다. 이 우주에 나밖에 없다. 우리는 본성을 찾는 원래 자리에 이미 다 도착해 있다. 단지 아직 찾지 못했다고 생각할 뿐이다.

업으로부터의 자유

 우리는 나쁜 일을 저질렀다는 생각이 들면 그것을 갚기 위해 착한 일을 해야 한다고 생각하는 경우가 있다. 그러나 착한 일을 한다고 나쁜 일이 상쇄되는 것은 아니다.

 선행이나 악행이나 내가 하고 있다는 생각을 가지면 그것은 업이 된다. 내가 하고 있다는 생각이 없이 할 수 있어야 업이 되지 않는다. 그런데 우리는 본성인 참자아를 알기 전에는 그렇게 될 수가 없다. 내가 한 행위는 지워질 수가 없다. 만약 나쁜 일을 했는데 아무도 모른다면 그 행위가 사라질까? 아니다. 좋은 일을 했는데 아무도 모른다면 그 행위가 사라질까? 그것도 아니다. 아무도 모른다고 해도 내가 한 행위는 악행이든 선행이든 모두 남아 있다.

 이 육체가 나라는 생각이 있는 한은 내가 마음으로 한 것이 아니라 해도 절대 없어지지 않는다. 그렇게 하고 싶어도 근원적으로는 지울 수 없다.

 그러나 이 육체와 오가는 마음이 내가 아니고 근원적인 이 참자아가 나인 줄 알면 선행이든 악행이든 내가 한 행위는 없다. 만약 다른 사람의 욕망에 의해서나 그냥 일어나는 전생의 업이 지금 나타나 있다면 그것은 이 육체가 소멸할 때까지는 지속된다.

우리는 안팎으로 뜻밖의 사고를 겪으며 산다. 그래도 간절히 좋은 일만 생기길 바라지만 우리 마음대로 되지 않는다. 자식과 부모, 아내와 남편도 있지만 원치 않아도 온갖 일이 일어나게 된다. 모든 일은 예정된 경로로 우리한테 당연히 온다.

궁극적으로 이 이치를 알면 비가 오면 비가 와서 좋고, 눈이 오면 눈이 와서 좋고, 태풍이 불면 태풍이 불어서 좋고, 추우면 추워서 좋다. 좋은 일이 있어도, 슬픈 일이 있어도 무늬만 그러려니 하면서 받아들일 때 고통이 없다.

나에게 일어나는 일은 반드시 일어나는 것이기 때문에, 또한 이루어지지 않을 일은 내가 아무리 노력해도 이루어지지 않음을 알기 때문에 그 어떤 것도 받아들인다는 것이다.

우리가 겪는 모든 인생과 현상계는 사실 꿈이고 환(幻)이다. 참자아를 알지 못하면 이 육체가 나고, 이 현상계를 실재로 여기기 때문에 윤회의 수레바퀴에서 한 치도 벗어날 수 없다.

깨달음을 얻으면
무엇이 달라질까?

깨달음을 얻으면 무엇이 달라질까? 깨달은 사람들은 신통력이 있어서 전생도 알고, 먼 곳에서 일어나는 일도 알고, 미세한 소리도 듣는 줄 안다. 또한 마음이 평화로워서 늘 행복한 줄 안다. 그런데 그런 신통한 변화는 절대 일어나지 않는다. 자신이 처한 고달픈 현실도 그냥 그대로이다. 그러나 겉으로 보면 깨닫기 전과 똑같이 사는 것 같지만 살아가는 관점은 완전히 다르다.

깨닫기 전에는 내가 누구인지 모른다. 그저 나는 독립된 개인으로서 어떤 특정한 육신을 가진 채, 남들과는 다른 존재로 살고 있다고 생각한다. 그러다 깨닫고 나면 이제는 자신이 고립된 존재가 아니며, 세상과 분리되어 있지 않다는 것을 알게 된다. 나와 세상 만물이 서로 다른 별개의 존재가 아니라 다 같은 하나의 마음으로 사는 것임을 알게 된다.

저 고양이와 내가 어떻게 같은, 하나의 마음으로 산다는 것일까? 날아다니는 저 새와 내가 어떻게 같은, 하나의 마음을 지녔다는 것일까? 삼라만상이 어떻게 나의 나타남일까? 그동안 배운 지식으로는 이런 것을 도무지 이해할 수 없지만, 진실로 내가 누구인지를 알게 되면 이 세상과 내가 별개가 아님을 확실히 알게 된다. 나라는 주체와 바깥이라는 객체의 구분이 없어진다. 그래서 나와 잡초도 같은, 하나의 본성으로 살아감을 알 수 있다.

직장 동료와 갈등을 겪을 때 나는 그 때문에 마음이 힘들고, 그는 나 때문에 마음이 힘들다. 이런저런 상황이야 다르지만 나와 그의 마음이 다르지 않다. 나와 그의 본성 자리가 같기 때문이다.

나와 이 세상이 같은 하나의 마음이다. 이렇게 세상을 바라보는 관점이 바뀌면 행동이 달라진다. 그래서 남이 나를 보듯이 자신을 돌아볼 수 있게 된다. 또한 세상과 다른 사람이 밉다, 싫다 하는 마음도 한 걸음 물러나서 볼 수 있게 된다.

물론 관점에 따른 행동의 변화가 금방 일어나는 것은 아니다. 깨달음을 얻더라도 한동안은 이 세상과의 충돌이 반복된다. 이기적인 눈으로 세상을 바라보던 습관에 젖어 있기 때문이다. 그때마다 "아, 또 놓쳤네." "또 걱정했네." "또 미워하고 갈등했네." 하고 자신을 수시로 돌아보면서 내 근원 자리를 찾아가야 한다.

내가 만든 세상,
이름 지어라

　이 세상은 나로부터 출발했다. 나 없이는 아무것도 없다. 오직 나 혼자뿐이다. 내가 우주 전체임을 아는 것이 깨달음이다.
　시궁창의 쥐를 더럽다고 누가 말했을까? 쥐가 스스로 말한 것이 아니다. 지금 내가 더럽다고 말한다. 장미꽃을 아름답다고 누가 말을 할까? 장미꽃이 스스로 말하지 않는다. 지금 내가 아름답다고 생각하고 말한다. 그렇다면 "더럽다, 아름답다." 하는 모두가 내 마음의 나타남이다. 모든 것은 내 마음 안에 있다.
　지금 내 앞에 놓인 찻잔이라는 이름이 진리일까? 찻잔이라고 이름 붙이자고 사회적으로 약속해서 찻잔이 되었다. 누구나 깨닫기 전에는 이 이름이 불변의 진리인 줄 안다. 그러나 내가 만든 세상이므로 내가 이름을 붙이면 된다. 그래서 다른 이들이 그렇게 불러주면 기준이 되고 원칙이 된다.
　내가 없이 나타날 수 있는 것은 아무것도 없다. 꽃도, 허리가 꼬부라진 할머니도, 빌딩도 모두 내가 존재해야 보인다. 전체는 나의 다른 모습이고 본성의 나타남이다. 그런데 지금 생각을 잘못해서 신랑이 밉고, 자식이 걱정스럽고, 상사가 싫어서 고통을 받는다.

원래 나는 있는 것도 아니고 없는 것도 아닌 공의 자리에 있다. 태어나거나 죽는 일은 모두 내 생각이다. 나는 언제나 그 자리 그대로이다.

불법에 "삼계유심(三界唯心) 만법유식(萬法唯識)"이라는 가르침이 있다. 행복도 고통도 내 마음이고, 삼라만상 모든 것은 내 의식의 나타남이다. 내 마음 아닌 것이 없다. 내 생각 아닌 것이 없다.

깨닫기 전에는 내가 법을 따르지만 깨닫고 나면 법이 나를 따른다. 내가 만든 세상이다. 마음 밖에 따로 법이 없는데 어찌 따로 구하겠는가?

내 마음이라는 와이파이가 켜질 때 세상이 나타난다

이 세상은 내 마음이 가야 보인다. 내 마음이 가지 않으면 없다. 그래서 이 세상은 내 마음의 나타남이다. 불의의 사고로 팔이 떨어져 나가 저쪽에 뒹굴어도 그 팔은 내 팔이다. 내 마음이 그곳에 있기 때문이다. 또 지금 마주한 친구도 내 마음의 나타남이다. 그 친구에게 내 마음이 가 있기 때문이다.

사람들은 운전할 때 내비게이션을 켜놓는다. 그러나 딴생각을 하면 아무리 경고음이 울려도 듣지 못하고 결국 딱지를 끊기고 만다. 마찬가지로 옆에 앉은 사람도 내가 마음을 두어야 있는 것이지, 그러지 않으면 없는 것과 같다. 미운 시누이가 잔소리해도 내가 마음을 딴 데 두면 들리지 않는다. 내가 마음을 두어서 시누이의 잔소리가 들리는 것이다. 전적으로 내 마음에 달려 있다.

우리는 마음이 눈에 보이지 않아서 잘 모르고 지내지만, 지금 살아 있는 바로 이 마음을 말한다. 이 마음이 없으면 들리지도 보이지도 않는다.

저녁 준비를 하는데 가족이 다쳤다는 소리를 들으면 정신없이 병원으로 달려갈 것이다. 다친 가족에게 내 마음을 두기 때문에 더 이상 저녁 준비를 계속할 수 없게 된다. 그런데 다른 집 가족이 다쳤다는 소리를 들으면 아무 상관 없이 저녁 준비를 이어갈 것이다. 거기에 내 마음을 두지 않았기 때문이다.

핸드폰에 와이파이가 연결되어야 하듯이 내 마음이라는 와이파이가 켜질 때 우주가 너른 것이 보이고, 봄바람이 부드러운 것을 느낀다. 내 마음이 갔을 때 당신의 얼굴이 보인다. 내가 기절하면 당신을 볼 수 없다. 내 마음이라는 와이파이가 꺼져 있기 때문이다. 내 마음이라는 와이파이가 켜졌기 때문에 지금 당신을 볼 수 있다. 마음은 와이파이처럼 보이지 않지만 분명 작동한다.

내 마음은 지금 여기에 있다.

'목련에 내 마음이 가지 않으면 목련은 없는 것이네.'

바깥에 핀 목련이 보이는 것은 거기에 이미 내 마음이 갔기 때문이다. 그 목련은 내 마음이다. 이렇게 받아들여야 한다. 지금 내가 듣는 새소리도 내 마음이다. 지금 흔들리는 저 나뭇잎도 내 마음이다. 내 마음이라는 와이파이가 켜질 때 세상이 나타난다. 세상은 내 마음이다.

내 스스로
나를 힘들게 한다

우리 모두 사는 것이 힘들다. 그런데 남이 나를 힘들게 할 것 같아도 절대 아니다. 내 스스로 나를 힘들게 하는 경우가 대부분이다. 내 삶이 고단하다 느껴질 때는 힘들다는 생각을 내려놓으면 된다. 스스로 힘들다는 생각에 빠지지 않으면 된다.

천상천하 유아독존, 우주에 나밖에 없다. 내가 우주의 시작이고, 끝이고 중심이다. 오직 나만이 빛나고 있기 때문에 스스로 힘들게 할 이유가 없다. 내가 사라지면 이 우주도 세상도 존재하지 않는다. 다가오는 일에 대해서는 그저 묵묵히 받아들이면 된다. 결국 모든 것은 마음먹기 나름이다.

'자식들에게 더 많은 유산을 남겨야겠다.' '명당에 묻혀서 자손에게 좋은 기운을 줘야겠다.' 이런 생각을 하는 사람은 천년의 걱정을 안고 사는 사람이다. 인간의 삶은 백 년 안팎이다.

지금 돈이 만 원밖에 없는 자신과 어제 죽은 백억 자산가 중 불행한 사람은 누굴까? 나는 살아 있으니 나가서 돈을 벌면 되지만, 어제 죽은 사람은 백억이 아무 의미가 없다. 물론 돈이 없는 서러움도, 몸이 아픈 고통도 겪을 테지만 그것마저도 살아 있는 자만이 느낄 수 있는 특권이다. 경제적으로 어려우면 나가서 열심히 일하고, 몸이 아프면 병원에서 치료하면서 낙담하지 말고 처음처럼 다시 살아가면 된다.

 지금 이 순간 내가 살아 있는 것이 진정 기적이고 예술이고 축복이다. 오직 그 속에서 즐기면 된다. 즐기지 않을 이유가 없다. 이 우주에 나밖에 없는데 갖기지 힘든 생각으로 사신을 고단하게 만든다면 매우 어리석은 사람이다.

비움의 시작은
나를 내려놓는 것이다

　우리나라는 우울증 환자가 세계 1위라고 한다. 여러 가지 이유가 있겠으나 가장 큰 것은 남들이 가진 명성이나 돈, 권력을 맘껏 가지지 못하는 데 있을 것이다. 과연 그런 것들을 원하는 만큼 가진다고 행복할 수 있을까? 절대 아니다. 행복은 결코 채우는 데 있지 않고 비우는 데 있기 때문이다.

　그 비움의 정점이 바로 무아다. 그 모든 것을 갖고자 하는 내가 없음을 알면 전부 해결된다. 부처님은 끝없이 '제법무아(諸法無我)'를 말씀하셨다. 나는 없다. 나라는 생각이 들 때만 내가 있다. 내가 없는 줄 알면 무엇을 더 가질 필요가 없다. 그런데 내가 있다는 생각에 온갖 것을 가지고 싶은 욕구가 일어나 고통이 온다.

　깨닫고 보면 나뿐 아니라 그렇게 가지고자 했던 모든 것들도 내 생각이었고, 환영이었음을 알 수 있다. 내 집을 장만하고, 내 차를 사고, 사랑하는 사람을 소유하면 행복할 줄 알았는데 그렇지도 않고, 진짜 내 것은 아무것도 없음을 알게 된다. 다니던 직장에서도 밀려나고, 벌였던 사업도 실패하고, 믿었던 사람들에게 배신당하는 등의 이유로 죽고 싶은 생각밖에 없었던 사람이 그 모두가 내가 만든 허상이었음을 알면, 번뇌와 망상으로 고통스럽던 시간이 순식간에 사라지게 된다.

그렇다고 다 버리고 무소유가 되라는 것이 아니다. 살아가는 데 필요한 만큼은 있어야 한다. 단지 물질을 더 가지면 행복할 것이라는 착각을 내려놓으라는 것이다. 더 구해야 한다거나 더 충족하려는 욕망이 사라지면 진정한 행복을 누릴 수 있다.

들판에 선 나무와 날아가는 새를 보면 즐겁다. 그런데 그것을 가지려고 하면 즐겁지 않다. 지나가는 차가 멋있는데 그것을 소유하려고 하면 고통이 온다. 구름과 하늘과 바다도 그냥 보니까 즐겁다. 그것이 진정한 자유이고 기쁨이고 환희이다.

나는 이대로 이미 온전하다. 더 가지거나 더 보태야 할 것은 아무것도 없다. 나는 이미 우주의 모든 비밀을 다 알고 있다. 성분을 모르는 음식을 입에 넣어도 내 몸은 알아서 소화해 배출할 것은 배출하고, 남은 영양분은 모아서 에너지를 만든다. 참새가 지저귀면 기분이 좋고 구름이 하늘에 떠가면 마음까지 맑아진다. 참새와 구름의 말도 이미 다 알고 있기 때문이다.

나는 우주의 주인이다. 내가 갖지 못한 것은 없다. 다만 스스로 온갖 관념의 벽을 쌓아 울타리를 치고 '나'를 가두는 일만 하지 않으면 된다. 내가 알고 있던 나 자신을 내려놓아야 우주 전부가 나임을 알 수 있다.

나는 영원한 평화이다

우리가 이 세상을 고통이라 하는 이유는 나와 다른 객체가 있기 때문이다. 돈은 남보다 더 가지고 싶고, 내 자식은 실패하면 안 되고, 마음에 안 드는 사람과는 같이 있기 싫고, 사랑하는 사람과 오래 있고 싶은 이런 생각들이 나를 고통에 빠트린다.

눈을 뜨고 보면 버려야 할 생각이란 없다. 내가 누구를 도와줘야겠다는 것과 누구를 미워하는 것이 사실 본질로 보면 다 같은 것이다. 이 세상을 살아가는 데 있어서 불편하니까 이것은 하지 말고 저것은 해야 하는 것이라고 분별하지만, 그것도 깨닫고 보면 구별할 것이 아니다.

내 본성, 참자아를 찾고 보면 모든 생각은 같은 바탕에서 나왔기 때문에 좋고 나쁜 것이라는 개념 자체가 없다. 내가 일으키는 모든 생각들은 하나의 순수한 빛인 참자아에서 나온다. 그래서 번뇌가 곧 보리다.

참자아, 이것은 우주의 근원이자 바로 나다. 참자아가 없이 그 무엇도 존재할 수가 없다. 그것이 바로 나다. 나란 존재가 보잘것없고 아무것도 아닌 것이 아니다. 눈을 뜨고 보면 내가 우주의 시작이고 끝이고 중심이다. 언제나 내가 존재할 때 우주가 있다.

우리는 언제나 참자아의 상태이다. 참자아에서 찰나도 벗어난 적이 없다. 이 육체가 나고 바깥에는 나와 다른 객체가 있다고 하면 참자아에서 벗어난 것이다. 나와 남이 전혀 다르지 않다. 나와 남은 그 본성 자리가 같다.

윤회하며 태어나서 산다고 생각하는 사람은 반드시 죽음이 있다. 이 육체를 나라고 생각하기 때문이다. 그러나 육체가 내가 아니고 참자아가 본래의 나인 줄 깨달은 사람은 죽지 않는다. 또 윤회도 없음을 분명히 안다. 부처님께서 49년간 설법을 하신 이유가 고통과 슬픔에서 벗어날 수 있는 길이 있기 때문이었다.

우리는 이미 죽음이라는 것이 없는 불멸의 존재이다. 그런데 자신이 불멸이라는 것을 모른다. '아~! 내가 원래 완전하고 불멸이었구나.' '내가 영원한 평화였구나.' 이것을 아는 것이 깨달음이다.

죽음이란 없다

 우리는 누구나 죽음을 두려워한다. 이 두려움은 이 육체와 마음이 나라는 생각이 들 때 찾아온다. '나'라는 생각이 들면 나는 편안해야 하고, 남들보다 잘 살아야 하고, 더 오래 건강해야 하고, 행복해야 한다고 생각한다. 그럴 때 죽음이 두렵다.
 우리가 죽음을 두려워하는 실체가 무엇일까? 깊이 들여다보면 이 육체보다 내가 존재한다는 의식이 사라질까? 더욱 겁을 내기 때문이다. 그런데 이 의식이라는 것은 잠을 자도 있고 깨어나서도 있고 기절해도 있다. 또한 꿈을 꿀 때도 있다.
 '육체가 나'라는 생각이 들면서 이 현상계가 보일 때 우리는 이 '나'라는 의식, 참자아를 잃어버린다. 내 육체를 포함한 이 세상 모든 것은 참자아의 나타남이다. 이것이 진실이다.
 그런데 우리는 모든 것이 참자아의 나타남인 줄 모르고 여러 수만 가지의 형상을 가진 모양으로만 본다. 깨닫고 보면 에고라 불리는 지금의 이 마음도 참자아이고 부처이며 본성임을 알게 된다.

나의 본성인 참자아는 죽지 않는다. 왜냐하면 태어난 적이 없기 때문이다. 지금의 육체는 내가 태어났다고 하는 이 생각이 그대로 유지되면서 내가 죽을 것이라는 생각을 한다. 그런데 나는 죽지 않는다. 나는 영원한 불멸이다.

여기서 이 불멸은 육체를 말하는 것이 아니다. 육체가 나타나는 뒷배경 그 전체인 참자아, 본성, 부처를 말한다. 이 육체는 단지 참자아가 다른 모습으로 나타난 형상일 뿐이다. 깨달음이라는 것은 내가 다르게 변하는 것이 아니다. 지금의 나, 이대로가 참자아의 나타남이구나! 또한 부처구나! 하고 아는 것이다.

그렇다면 우리가 두려워하는 그 죽음을 어떻게 극복할 것인가? 불로장생약을 먹어서가 아니라 내가 그대로 참자아임을 알면 죽음으로부터 완전히 벗어난다. 물론 이 참자아를 안다 하더라도 기존의 이 육체가 나라는 습이 있기 때문에 조금 시간이 걸린다. 이때부터가 이 공부의 시작이다.

이 순간 내가 존재한다. 이 존재함이 본성의 나타남이다. 지금의 나, 이대로가 바로 진아이고, 참자아이고, 부처이다. 진정한 나를 찾으면 죽음이란 없다. 나는 죽지 않는다.

진정한 자유

참자아는 존재이자 비존재이다. 참자아는 눈에 보이지 않는다. 그렇다고 없는 것이 아니다. 여기에 있다. 지금 눈앞에 컵도 있고, 과일도 있고, 다른 사람도 있다. 모두 참자아의 나타남이다. 참자아가 어떻게 생겼는지 보려고 하면 보이지 않지만, 모든 현상이 바로 참자아의 현현이다.

새가 허공을 날아도 허공을 알지 못하고, 물고기가 물에 살아도 물을 모르듯이, 우리는 참자아 안에서 태어나 참자아의 삶을 살다가 참자아로 돌아가는데 그 참자아를 알지 못한다.

참자아를 찾으려면 항상 나를 돌아보는 공부를 해야 한다. 우리 눈에 타인의 행동이 조금이라도 섭섭하다거나, 내가 손해 본다 싶으면 화가 날 때가 있다. 그러면 당장 그 사람이 문제라고 단정을 지어버린다. 그 말에는 '나는 잘못한 거 없어, 내가 옳아.'라는 마음이 깔려 있다. 그러면 이미 나를 돌아보는 것을 놓친 것이다. 마음을 늘 내 안으로 돌려야 한다.

이 세상은 나를 거쳐야 나타나기 때문이다. 저 사람이 밉다고 느끼는 마음도 나를 거쳐야 나타나고, 아름답다는 것도 나를 거쳐야 드러나고, 더럽다고 하는 것도 나를 거쳐야 나타난다. 그 모든 것의 출발이 나다.

그러므로 문제가 밖에 있는 것이 아니라 그렇게 보는 나 자신에게 있음을 돌아봐야 한다. 언제나 내가 문제라는 것이다. 그래서 내가 바뀌면 된다. 상대방을 바꿀 수는 없다. 상대방을 바꿀 수 있는 유일한 방법은 내가 그들의 행동을 이해하는 것이다.

산, 나무, 들, 나비, 꽃, 바람, 물, 크고 작은 모든 것들이 참자아 속에서 살고 있다. 궁극적으로 나를 포함한 만물이 참자아를 떠나 있지 않다. 모든 현상과 내 존재의 근원이 바로 참자아이다.

참자아는 내 마음과 육체로 엮어내는 이 시간이 언제나 최선의 것이 되도록 해준다. 그런데 우리는 "아프기 싫어! 늙기 싫어!" 하면서 나쁜 것을 받아들이지 않으려고 한다. 그래서 고통이다. 그냥 맡기면 된다. 본성인 참자아에 내맡기고 살아내면 된다. 그것이 바로 자유이고 해탈이다. 참자아는 내가 재산이 있든 없든, 남자든 여자든, 늙었건 젊었건 아무 상관이 없다. 그냥 그대로가 참자아이다.

《우파니샤드》에서 참자아를 이렇게 말한다.

"그는 덧없음을 초월해 있는 영원한 진리이다."

권력자도 시간이 지나면 그 자리에서 내려온다. 이십 대의 청춘도 시간이 지나면 늙고 병들어 죽는다. 시간이 지나면 모두 변해가지만 참자아만이 영원하다. 참자아가 우주 전체이며, 나고, 전부이며 또한 아무것도 아니기 때문이다.

참나는
너무 가까워서 알지 못한다

 모든 존재는 참나다. 밖에 핀 빨간 맨드라미, 국화, 코스모스, 빨랫줄에 걸려 있는 집게도 참나다. 나무에 열린 감, 비가 와서 총총 매달려 있는 물방울조차도 참나다. 이 세상은 참나가 아닌 것이 없다. 그런데 우리는 참나를 모른다.

 우리는 숨을 쉬지만 너무 가까이 있으니까 공기 중에 산소가 있는지 없는지 전혀 모르고 산다. 그와 같이 참나도 이 세상에 그대로 펼쳐져서 나하고 0.0001mm도 떨어져 있지 않은데, 우리는 다른 수행을 통해야 얻는 것으로 생각한다. 참나는 이미 나와 함께 있다. 지금 살고 있는 이대로가 참나다.

 나를 미워하게 하거나, 나를 늙게 하거나, 나를 화나게 하거나, 나를 슬프게 하거나, 내 가슴 아픈 모든 것이 다 참나의 나타남이다. 좋은 것만이 참나가 아니다. 참나는 좋고 나쁨의 개념이 없다. 선과 악의 개념도 없고, 행복과 불행의 개념도 없고, 상과 벌의 개념도 없다. 크고 작음의 개념도 없다. 참나는 그 한계가 없어서, 크기로 말하면 너무 작아서 보이지 않고 또한 너무 커서 보이지 않는다.

 내가 참나다. 이것이 분명하게 내 것이 될 때 눈을 떴다는 말이 나온다. 이 세상에 있는 것은 참나 하나뿐이다. 참나는 모든 것을 알고 있지만 참나를 아는 존재는 아무도 없다. 왜 참나를 모를까? 너무 가까이 있기 때문이다. 내가 참나라서 모르는 것이다. 내가 참나가 아닌 것 같으면 바깥에서 벌써 찾았을 텐데 내 자체가 참나이기 때문에 알지 못하는 것이다.

 참나가 세상의 시작이다. 이 참나가 가장 위대하다. 참나는 나의 전부이고 우주의 전부이다. 나는 참나의 나타남이다. 참나를 알 때 이 세상의 고통에서 벗어나고 죽음에서도 벗어난다. 참나가 이런 것임을 알고 갈 때 머지않아 깨닫게 된다.

타인은 없고
오직 나만 있을 뿐이다

 우리가 지금 깨닫지 못하는 이유는 보편적인 세상에 맞추어 배운 대로 살아가고 있기 때문이다. 아무리 진리를 말해도 자기 기준으로 믿을만한 것만 받아들이고, 나머지는 흘려듣는다. 아무런 마음의 준비도 없이 깨달음을 얻겠다는 것은 어불성설이다.

 우리는 사실 자신의 마음을 어떻게 열어야 할지 잘 모른다. 그렇더라도 해야 한다는 마음으로 하면 빠르다. 우선 선지식을 만나면 마음을 내맡기는 게 좋다. 신뢰하는 마음이 있어야 발전이 있기 때문이다. 그분들의 설법이 온전하게 이해가 되지 않더라도 그대로 생각하려는 마음이 중요하다.

 그러므로 나를 내려놓아야 한다. 끊임없이 나를 내려놓으면서 자신을 돌아봐야 깨달음이 바로 온다. 내가 옳다는 자존심도, 내가 잘났다는 자만심도, 내가 못났다는 열등감도 모두 내려놓아야 한다.

 우리는 동료와 갈등이 있을 때, 나는 무조건 옳고 동료가 틀렸다고 단정한다. 그러나 '동료가 옳다고 하는데 내가 볼 때 틀렸다면, 내가 옳다는 것도 동료가 볼 때 틀린 것이 되겠네.' 하며 내 생각을 내려놓을 수 있어야 한다.

　동료는 맞고 나만 틀렸다는 생각에 억울해하면 안 된다. 또 동료와 내가 모두 틀렸을 수도 있다고 생각해도 안 된다. 구구한 사연은 접어두고 무조건 내가 틀렸다고 생각해야 한다. 타인은 없고 오직 나밖에 없다고 생각해야 한다. 나밖에 없으니 오직 나를 의심하고 돌아봐야 한다. 이것은 깨달음으로 가는 굉장히 중요한 지침이다.

　모든 사고의 초점을 나에게 맞추지 않으면 안 된다. 직장에서 마음에 들지 않는 사람한테 먼저 다가가서 인사하고, 자판기 커피라도 사 주고, 좋은 말을 건네면 그 사람도 분명 바뀌게 된다. 왜냐하면 나에게 잘해주는 사람한테 나도 잘해주기 마련이다. 처음에는 하지 않던 행동이라 좀 머쓱하겠지만 반복하면 익숙해진다. 내가 먼저 마음을 열면 그들도 조금씩 나한테 마음을 열기 시작할 것이다.

　깨닫게 되면 본인 마음을 굳게 닫아놓고 깨닫고 싶다고 말했던 자신이 얼마나 어리석었는지 알게 될 것이다. 물론 자신의 마음을 여는 것보다 깨달음에 이르는 길이 훨씬 더 어렵다. 마음을 다해 내가 기존에 가진 사고를 바꾸어 가다 보면 무조건 된다.

　세상이 이러니저러니 하지 말고 오직 나만 보라. 이 세상은 꿈과 똑같다. 나 없는 꿈은 없다. 내가 모두 창조해 놓고 상대방을 바꾸지 못한다는 것은 잘못된 생각이다. 그 꿈의 각본을 내가 다시 쓰면 된다. 내가 바뀌면 상대가 바뀐다. 내가 만든 세상이므로 내가 열쇠를 쥐고 있다.

지금부터 내 마음을 어떻게 가지느냐에 따라서 삶이 크게 달라진다. 내가 깨닫는 것이지, 타인이 깨닫는 것이 아니다. 깨달음으로 가는 길은 오직 나를 돌아보고, 내 생각을 어떻게 바꿀지 철저하게 찾으면 된다. 그래야 나를 찾을 수 있다.

내가 존재한다는
이것만이 존재이다

우리는 존재한다는 말을 일상적으로 쓴다. 눈앞에 있는 사과도 존재하고, 책도 존재하고, 꽃도 존재한다고 한다. 그런데 중요한 것은 내가 존재한다는 이것만이 존재이다. 사과도 책도 꽃도 존재하는 것이 아니다. 이 차이점이 진실로 깨달음에 직통으로 연결되는 지점이다.

'지금 내가 존재하는구나.' 하는 느낌, 오직 이것만이 존재이다. 다른 것은 없다. 이것만이 유일한 존재이다. 오직 나밖에 없다. 나머지는 모두 그것에서 파생된 것일 뿐이다. "저 사람도 존재감을 느끼잖아." 이 말은 이미 중심에서 가지를 뻗은 것이다. 진리에서 벗어났다는 말이다. 저 사람은 존재감 있는 나 때문에 있는 것이다.

이 존재감을 찾으려고 우리는 부처가 어떻고, 장자가 어떻고, 노자가 어떻고, 육조 혜능이 어떻고 하지만 그런 것은 정말 중요하지 않다. 또 어떤 사람은 삼천 배에 의미를 두어서 이것만 하면 깨닫는 줄 안다. 그런데 가장 중요한 것은 이런 행위를 하는 내가 누구인지를 알아야 한다. 이런 공부를 하려고 출발한 자, 바로 나를 찾아야 한다.

지금 살아 있는 내 존재가 무엇일까? 진정 이것이 핵심이다. 언제나 내가 존재할 때 집도 있고, 자동차도 있고, 자식도 있고, 남편도 있고, 하늘도 있고, 구름도 있다. 오직 내 존재에서 퍼져 나가기 때문에 나만이 오직 존재이다. 이 존재가 다 만들어 내는 것이다. 모든 것들은 나로 인해서 만들어진 것이다.

내가 존재한다는 생각이 들지 않을 때 세상을 본 적이 있을까? 없다. 언제나 눈을 떠서 내가 존재할 때 이 세상이 펼쳐진다. 이 세상이 모두 나의 존재이다. 그러면 근원적으로 "저 모든 것이 나네." 하고 받아들이면 된다. 물론 이것이 단번에 되긴 어렵다. 그러나 자꾸 듣다 보면 어느새 "그래, 그냥 다 나네."라고 된다.

그런데 사람들은 기존에 가지고 있는 사고나 습성 때문에 이것을 아무리 설명해도 이해하지 못한다. "저 할머니가 나라고? 저 강아지가 나와 같은 마음이라고? 저 똥이 같은 본성에서 나왔다고? 나는 저들이 밉고, 무섭고, 더러워." 이렇게 우리는 세상과 분리된 개체로서 반응하니까 깨달음과 멀어진다.

이제는 우리가 가진 기존의 가치나 개념을 단호히 내려놓을 수 있어야 한다. 끊임없이 세상을 바라보는 관점을 바꾸어야 한다.

태어남이 없고 죽음이 없으면
가운데 삶은 없는 것이다

 '나는 누구인가?' 우리는 오늘도 이 질문을 던지고 있지만 선뜻 답을 하지 못한다. 분명히 나는 나인데 나 자신을 모르고 살아간다. 지금 내가 분명 온 곳이 있을 것인데 그곳이 어디인지 모르고, 또한 지금 이렇게 앉아 있지만 내가 누구인지 모르고, 오늘도 쉬지 않고 죽음을 향해 가는데 도착지를 모르고, 눈앞에 펼쳐진 이 세상이 무엇인지 모른다는 것이다. 이것을 찾는 것이 깨달음이다.
 깨달음을 얻으면 우주의 비밀을 모두 알 수 있다. 우주라는 것이 바로 내 마음의 나타남이기 때문이다. 부처님이 눈을 한 번만 깜빡거리면 우주 전체를 다 안다고 했다. 내 마음이 만든 것이니까 그럴 수밖에 없다.
 눈앞에 보이는 이 세상은 그냥 있는 것을 본 게 아니고, 언제나 내 마음이 있을 때 보인다. 내 마음의 나타남이다. 이 육체 역시 내 마음의 그림자이다. 몸이 아무리 아파도 본질인 참나는 아프지 않다. 진짜 아파 죽을 것 같아도 깊은 잠이 들면 고통은 없다. 다시 깨면 고통이 있다. 근원적으로 고통이라는 것은 없다.

"사람은 다 때가 되면 죽지."

우리는 이렇게 담담히 말하곤 하지만 그 속내는 편치 않다. 죽음을 겪어보지 않아 모르기 때문에 두려운 것이 사실이다. 그런데 본성을 찾으면 죽어도 내가 죽는 것이 아닌 줄 알고, 죽음이 무엇인지 알게 되어 두렵지 않게 된다. 또 태어남도 없다는 것을 알게 된다. 태어남이 없고 죽음이 없으면 그 중간 과정이 없다. 그냥 다 깨끗할 뿐이다.

꿈속에서 꿈을 꿀 때 온갖 행위가 있었더라도 꿈을 빠져나오는 순간 제로가 되어버리는 것과 같다. 꿈에서 살인했거나, 나쁜 일을 했거나, 욕심이 있었더라도 깨고 나면 아무런 미련이나 죄책감이 없다. 지금의 내 삶 또한 태어난 적이 없고 죽음 역시 없는 줄 알면 내가 한 행위들은 다 사라진다. 그렇다면 살아가는 동안 즐기면 된다, 꿈을 꾸듯이.

태어났다는 것도 죽는다는 것도 모두 생각이다. 이 말은 세상의 상식으로는 전혀 맞지 않다. "내가 지금 이렇게 살아 있고 행위를 하는데, 이것이 어떻게 내가 아니란 말인가? 그러면 모든 것이 허무하네!" 우리는 이렇게 반응할 수 있다. 그러나 깨달음을 얻으면 태어남도, 삶도, 죽음도 그저 내 생각이 일으킨 환영일 뿐임을 자명하게 알고 나의 참모습에 안주하며 지복을 누릴 수 있다.

매달린 절벽에서
한 손마저 놓아라

공부가 어느 정도 진전되면 각자 자기만의 생각이나 기준점이 서게 된다. 그런데 우리는 한번 세운 그 생각이 틀렸다는 의심을 절대 하지 않는다. 바로 그것이 우리가 수십 년 수행했어도 나 자신을 제대로 찾지 못하는 주된 이유이다.

오래 수행해서 틀림없다는 그 생각이 맞았다면 깨달음을 얻었어야 한다. 그런데 그렇지 못했다면 스스로 그것에 걸려 넘어진 줄 모르고 있다는 것이다. 혼자 공부하면 스스로 어떤 생각에 갇혀 있는지, 무엇이 잘못됐는지 잘 모른다. 한발 앞선 사람이나 같은 공부를 하는 도반들한테 물어서 조언을 구하는 것이 현명한 방법이다.

"매달린 절벽에서 한 손마저 놓아라."

이 말은 죽으라는 말이 아니고, 깨달음을 얻기 위해서는 자신이 굳게 믿는 그 소신이나 관념을 내려놓을 줄 알아야 한다는 말이다. 설령 그것이 내 정체성을 모두 놓칠 만큼 위험한 것일지라도 그런 공포를 이겨내야 한다. 바라보는 관점을 달리할 때 사고가 확장되면서 나 자신을 다르게 볼 수 있는 안목이 생긴다.

불교에서는 사성제와 팔정도의 수행으로 마음의 편안함을 얻고 궁극적인 열반을 이룰 수 있다고 하지만 어쩌면 다르게 접근할 방법이 있을지 찾아봐야 한다. 부처님이 무아라고 했다면 틀림없이 맞다 할 수 있지만 그것으로 깨닫지 못했으면 무아가 아닐 수 있겠다는 생각을 해야 한다. 이 세상이 꿈과 같다는 말을 들으면 그냥 머리로만 아는 척하지 말고 가슴으로 믿고 몰아붙여 직접 체득해 봐야 한다.

우리는 지금 옳다고 생각하는 자신의 견해를 세상 살아가는 정답이라 생각해서 파기할 생각이 없다. 그런데 나를 찾아가기 위해서는 그 견해가 틀린 것은 아닌지 지금 바로 고민해 보라. 기존의 내 견해를 내려놓을 때 깨달음으로 성큼 들어갈 수 있다.

마음을 떠나
밖에서 깨달음을 구할 수는 없다

지금 이대로의 마음이 열반이다. 정말 이대로 아무런 문제가 없는 완전한 존재라는 것을 아는 것이 깨달음이다. 나 자신을 바라보는 마음을 바꾸면 된다. 이러니저러니 나를 정의 내린 그 가치를 다 무너뜨리면 된다. 그것이 모두 틀렸다고 전제하고 출발하면 된다.

"스님! 부처가 뭡니까?"
"장작 패고 마당 쓸고 밥하고 빨래하는 것이다."

선사들의 이런 선문답을 보면 생활하는 이대로가 이미 깨달음이라는 것이다. 지금 이대로가 완전한 깨달음의 상태이다. 그래서 이제부터라도 남편도 보지 말고, 자식도 보지 말고, 친구도 보지 말고, 오직 마음을 돌려 나를 살펴야 나를 찾을 수 있다.

우리는 이 몸이 나라고 알고 궁극적으로 몸을 쓰며 산다. 그러나 이것이 진짜가 아니고 가짜이며, 내 마음의 나타남이라는 것을 알면 무아를 경험했다고 한다. 무아인 것을 알면 그동안 느꼈던 감정도, 온갖 굴곡과 사연들도 모두 허상이라는 것이다.

물론 이것을 알고 근본적으로 고통에서 벗어나는 데는 시간이 걸린다. 이 육체를 가지고 살아온 시간이 길기 때문에 이 세상이 환영임을 수시로 잊어버린다. 그러나 시간이 지나면 분명히 밝고 당당해지는 나를 발견할 수 있다.

내 근원인 '나'는 한 걸음도 움직인 적이 없다. 왜냐하면 내가 이 우주의 전체이기 때문이다. 전체인데 어디로 발을 뗄 수 있을까? 전체인 줄 모르고 개체라 생각하니 이리저리 오고 가는 줄 안다. 깨닫기 위해서는 관점을 바꾸어야 한다.

부처와 깨달음이 어디에 있을까? 이것은 보이지도 않고, 들리지도 않고, 냄새를 맡을 수 있는 것도 아니다. 이미 나는 깨달아 있고, 본성인 이 마음은 언제나 나와 같이 있다. 허공처럼 붙잡을 수 없는 이 마음을 떠나 절대로 밖에서 부처를 찾을 수는 없다.

단순하게 통찰하라

 아침이 되면 태양이 떠오르고 세상이 돌아간다. 사람들은 저마다의 사연으로 분주하게 움직인다. 누구는 고대하던 아들이 태어나서 잔치를 하고, 누구는 부모가 죽어서 슬퍼한다. 누구는 대학에 합격한 기쁨을 나누고, 누구는 취업에 실패한 자식을 걱정한다. 누구는 말기암에서 완치 판정을 받아 환호성을 지르고, 누구는 직장 상사와의 갈등으로 괴로워한다.
 때를 맞춰 깊은 산속에서는 홀로 이름 모를 꽃이 피어나고, 들에서는 귤, 사과, 배, 대추, 감이 절로 익는다. 누구는 하느님을 믿고 충만한 삶을 살고, 누구는 부처님을 믿고 자비로운 삶을 살고, 누구는 아무도 믿지 않고도 제 사유의 뜰에서 여백 있는 삶을 살아간다. 누구는 좋은 일을 하고도 가난하게 살다 가고, 누구는 나쁜 일을 하고도 풍족하게 살다 죽는다. 수많은 닭과 오리, 돼지와 소 같은 동물은 인간을 위해 태어나고 죽어간다.
 누구는 물 위에서 평생을 살고, 누구는 산꼭대기에서 평생을 산다. 북극에서는 온난화로 얼음이 녹아 북극곰이 죽어가고, 아프리카 사람들은 지속된 가뭄으로 기근과 식량난에 위기를 겪는다. 그런데 다른 나라에서는 폭설로 길이 고립되기도 하고 너무 많이 먹어서 성인병을 고민하기도 한다.

혼자 눈을 감고 가만히 전체를 보면 세상은 그냥 돌아가고 있는 것이 맞다. 내 몸 또한 저절로 굴러가는 것이 맞다. 아침이 되면 저절로 눈을 뜨고 밥을 먹는다. 그러면 위가 알아서 소화를 시키고 심장도 규칙적으로 뛰면서 몸에 피를 돌게 한다. 저절로 내 몸 속 기관들이 일하고 돌아간다.

내게 일어나는 일도 때가 되면 왔다가 때가 되면 간다. 저절로 왔다가 저절로 간다는 것이다. 이러한 이치를 알면 슬퍼도 기뻐도 그것에 너무 몰입하지 않아야 그 경계에 걸려 넘어지지 않을 수 있다.

모든 사연을 구구절절 세분하면 본질을 찾지 못한다. 세상 속에 너무 빠지면 전체인 나를 놓칠 수 있다는 것이다. 근원인 참자아를 찾고 보면 "이것밖에 없다!" "오직 하나다!"라고 말하게 된다.

세상의 온갖 일들이 일어나는 출발점은 바로 나다. 전부가 내가 보고 듣고 판단하는 것이다. 나밖에 없다. 이렇게 자기만의 생각에 빠져야 한다.

좋은 일이 생길 때 기뻐하는 자가 누구일까? 슬픈 일이 생길 때 슬퍼하는 자가 누구일까? 이 모든 일은 내가 존재하지 않으면 아무 의미가 없다. 이 순간 바라보는 자, 즉 목격자 없이는 그 무엇도 없고 그 어떤 일도 일어나지 않는다. 바라보는 자는 바로 나 자신이다. 내가 주인공이다.

　우리는 세상을 타인과 화합하며 열심히 살아가야 하지만, 존재의 근원인 나를 찾으려면 현상계의 내용을 뭉뚱그려 하나로 통찰하는 연습이 필요하다. 그 하나는 바로 '나'다. 그렇게 인지하고 생각하고 고민하는 '나는 누구인가?'라는 그것에 모든 코드가 맞추어져야 한다.

우주적 진리,
다름이 평등

　우리가 건강할 때는 그것을 당연히 여긴다. 또 사업을 잘해서 돈을 벌고 좋은 집과 차를 사면 무척 만족해한다. 건강하고 잘살면, 그것에 대해서 한 번도 고민하지 않는다. 다른 사람들이 우울증이 있어도 내 정신이 건강하면 관심을 두지 않는다. 그러다 어느 날 내가 병이 들면 그것이 불합리하다고 생각한다. 잘살다가 못살게 되면 그것 또한 맞지 않다고 생각한다. 이 때문에 우리는 고통스럽다.
　골짜기에 있는 큰 바위도 시간이 계속 흐르면 결국에는 작은 자갈이 된다. 예쁜 꽃도 피었다가 바람에 꺾이고 진다. 순간마다 자연이 변해가는 이치를 보면서도 우리는 자신이 다르게 변하는 것은 받아들이지 못한다. 나도 자연이다. 어제와 다르게 변해간다는 것은 우주적 진리이다. 내 변화 역시 우주의 이치라는 것을 모르기 때문에 고통이 따른다.
　이 우주 전체를 가만히 살펴보면 대체로 풀은 연약하고, 꽃나무는 키가 작고, 상록수는 튼튼하고 키가 크다. 동물을 봐도 개미나 쥐는 작지만, 호랑이는 크고 코끼리는 더 크다. 닭의 다리는 짧고, 학의 다리는 길다. 우리는 그것을 당연하게 받아들인다. 그런데 자신이 못생기거나 키가 작게 태어나면 우울해하고 고통을 받는다. 남들은 부자인데 자신이 가난한 집에서 태어나면 스트레스를 받는다. 또 다른 사람은 건강한데 자신이 병약하게 태어나면 받아들일 수가 없다. 내가 세워놓은 그 기준에 맞지 않기 때문이다.

다양성을 가진 존재들이 어울려 사는 세상이다. 남에게 일어난 변화나 다름을 인정하면서 나에게 일어난 변화나 다름을 받아들이지 못하는 자신의 견해를 되돌아봐야 한다.

이 우주에선 똑같은 씨주머니에서 떨어진 씨앗일지라도 똑같이 자라지 않는다. 또한 같은 어미에게서 나온 생명도 이리저리 살아가는 여정이 다 다르다. 같은 나무, 같은 동물, 같은 사람은 우주에 절대 없다. 이 우주는 제각각 다른 것들이 나름의 방식으로 공존한다. 다름이 평등이다. 다름이 우주적인 이치이고 진리이다. 이것을 모르면 고통에 빠진다.

나타난 현상의 본질을 보는 습관을 가지세요

　우리는 수많은 상황을 마주하면서 그것들의 겉모습만을 바라보는 경향이 있다. 그러나 겉으로 드러난 모습 아래 숨겨진 본질을 알아야 그 속에 들어 있는 것을 제대로 아는 것이다.
　길가에 서 있는 벚나무 둥치는 굉장히 굵고 튼튼하다. 그 나무에서 봄이 되면 벚꽃이 핀다. 그 수많은 꽃잎은 바람이 조금만 불어도 화르르 날아가 버린다. 딱딱한 벚나무의 본질은 후~ 불면 날아갈 정도의 부드러움이다.
　사랑의 본질은 받는 게 아니라 주는 것이다. 사랑하는 사람에게 선물을 하면 받은 쪽보다 주는 내가 더 기쁘다. 또 부모들은 자식을 키울 때 힘든 노동과 물질을 다 주어도 기쁘기만 하다. 아내는 남편에게 사랑을 받아야 한다고 생각하지만, 사랑은 줄 때 진정으로 기쁘다.
　지금 눈앞에 삼라만상이 펼쳐져 있다는 것을 우리는 의심하지 않는다. 나무, 꽃, 벌, 나비, 산, 바다, 은하수 등을 눈으로 다 보고 있기 때문이다. 그런데 정말 눈이 그것들을 봤을까?

눈이 봤다는 것을 우린 증명할 길이 없다. 눈이 눈을 볼 수 없기 때문이다. 그러므로 눈으로 삼라만상을 봤다는 근거를 세우기가 어렵다. 뜬금없는 것 같지만 '아~! 본질이 그렇구나.' 하는 것을 알아야 참자아로 깨어날 수 있다.

차가운 것의 본질은 무엇일까? 우리가 아이스크림을 살 때 녹지 말라고 포장에 넣어주는 차가운 드라이아이스는 피부에 닿으면 화상을 입는다. 찬 것의 본질은 뜨거운 것이다.

우리는 늘 복을 쌓아야 한다고 말한다. 그것의 본질은 무엇일까? 우리 인류가 81억인데, 태어나서 죽을 때까지 돈을 벌기 위해 일을 한다. 여기서 돈을 빼버리면 우린 결국 죽을 때까지 남을 위해서 일하다 죽는다. 복을 쌓는 일의 본질은 남을 위해 일하는 것이다.

참기름을 짤 때 깨를 넣어서 기계로 압착을 시키면 참기름이 흘러나오고 깻묵이 남는다. 참기름을 짠 그 깻묵이 더러울까? 마찬가지로 우리의 똥이 더러울까? 우리가 입으로 넣는 것은 깨끗하고 좋은 것들이다. 과일은 썩은 부분을 도려내거나 버리고, 생선도 가시와 내장은 버리고, 채소도 거친 껍질과 뿌리는 자르고 깨끗이 씻어서 먹는다. 그러면 다음 날 소화하고 남은 것이 똥으로 나오는데 그것이 더러울 리가 없다.

우리가 사는 이 세상에는 선과 악이 있다고 한다. 정말로 선과 악이 있다면 살아 있는 모든 존재는 모두 악이다. 다른 생명을 취하지 않고는 살아갈 수 없기 때문이다. 참자아를 알기 위해서는 눈앞에 펼쳐지는 현상이나 존재의 본질을 볼 수 있어야 한다.

흔히들 명상이나 수행을 해서 마음을 비운다고 하는데, 과연 마음은 어디에 있을까? 마음이 어디 있는지를 알아야 찾아서 양동이의 물을 비우듯이 비울 것이다.

우리가 생각하는 이 마음은 볼 수 없다고 없는 것이 아니다. 눈이 잘 안 보여서 안경을 맞추러 가야겠다고 생각하면, 내 마음은 즉시 안경을 맞추러 간다. 겨울에 추워서 외투를 사야겠다고 마음먹는 순간, 며칠 안에 외투를 사서 입는다. 우리 주변에 있는 자전거나 기차, 엘리베이터, 볼펜, 선풍기, 휴대폰 그 모두가 마음의 나타남이다. 마음은 보이지 않는다고 없는 것이 아니고, 바로 물질이다. 마음의 본질은 물질(色)이다.

보편적으로 사물이나 상황을 마주할 때, 우리는 '있다'만 알고 '없다'를 알지 못한다. 그러면 있다, 없다 두 가지를 모두 모르는 것이다. 이것은 서로가 원인이 되어 동전의 양면처럼 붙어 있기 때문이다. 깊이 생각해 보면 없음이 진짜 있는 것임을 알아야 한다.

내가 지금 형상으로는 여기에 있지만 과연 나의 본질은 있는 것인가?

살면서 깜빡 잊어버린 내가 누구인지를 찾으려면 항상 나타난 현상의 본질을 보는 습관을 가져야 한다. 에고의 소음을 끊고 고요해지기만을 기다리면 지금 이 순간 존재하는 나를 만날 수 있다. 참자아를 찾으면 내가 없는 것도 알고 내가 있는 것도 알게 된다.

지혜로운 자만이
죽음을 고민한다

 내 인생은 결국 내가 선택한 결과물이다. 하다못해 파마할지, 염색할지 결정하는 것도 다 살아 있는 내가 한다. 많은 수행자가 돈과 명예를 좇지 않고 소박한 삶을 살면서, 적게 먹고 적게 쓰며 고행의 길을 가는 것도 스스로 선택한 길이다.
 그것처럼 죽는 것도 살아 있을 때 내가 결정하는 것이 맞다. 늙고 병들어서 똥오줌 받아내는 시간이 올 때 내 죽음도 스스로 결정하는 것이다.

 법력이 높은 고승들이 누워서 죽음을 맞지 않고, 평소 수행하던 모습 그대로 앉아서 열반에 드는 것을 좌탈입망(坐脫立亡)이라고 한다. 집착하지 않고 죽음을 담담히 받아들이는 것을 보여주는 행위로, 안타깝고 비참하게 목숨을 끊는 자살의 개념이 아니다. 스스로 선택하는 삶의 다른 형태로 자신을 거룩하게 만드는 일이다.

우리는 누구나 죽기 싫어한다. 아흔일곱 살 할머니가 낼모레면 백 살이라고 날마다 한숨짓는다. 그녀는 예전에 자기 모친이 그 나이였을 때, 다 살았는데 죽는 것을 겁낸다며 흉을 보곤 했었다. 금방 자신도 그런 처지가 될 줄 몰랐다. 이것이 우리의 모습이다.

우리는 모두 이 몸이 진짜라 여기며 없는 죽음을, 없는 고통을 있다고 여기며 두려워한다. 지금 이 순간 존재함이 가장 소중하다는 것을 모른 채.

존재함의 행복을 모르는 우리는 누구 때문에 힘들다고 한탄하면서 그냥 살다가 죽어간다. 수영할 줄 모르고 물속에 빠져서 허우적거리면 결국에는 죽는다. 유연하게 헤엄치며 놀 수 있는 내 삶의 수영법을 터득해야 한다.

똑같이 죽음이 다가오는데 아주 멋지게 받아들이는 사람이 있고, 삶의 애착 때문에 너무도 고통스러워하는 사람이 있다. 병에 걸려서 고통스럽더라도 지금이 죽을 시간이라면 그것을 받아들이는 것이 좋다. 그렇지 못하고 살고자 허우적거리면 옆에서 보는 사람도 힘들다.

죽음에 대해서 고민하는 사람이 잘 산다. 그런 사람은 살아 있는 동안은 최선을 다해서 살기 때문이다. 지금 살아 있음이 소중하다는 것을 알면 걱정과 근심을 덜 하게 된다. 있는 것을 나눠 먹고, 누가 잘됐다고 하면 진짜 축하해 주면서 넉넉한 마음을 지니고 살면 된다. 지금을 즐겁게 사는 것이 답이다.

꿈속에서 꿈인 줄 알면 어떠한 힘든 일이 있어도 상관없다. 이 세상은 꿈이다. 이 세상이 바로 내가 만든 세상임을 알면 오늘 죽어도 당당하다. 그래서 무엇보다 이 마음공부가 먼저이다.

'나'의 발견

이 육체는
내가 아니다

깨닫고 보면 육체는 정말 아무것도 아니라는 것을 알게 된다. 육체는 그냥 돌이나 나무나 돌멩이 등과 같다. 길을 걸어가다가 뱀을 보면 깜짝 놀라서 도망치는데, 만약 기절해서 누워 있었으면 뱀이 내 몸을 기어가도 모를 것이다. 또 누가 나한테 모욕적인 말을 하면 화가 나는데, 그것은 사실 내 마음이지 몸이 아니다. 기절해 있으면 모욕적인 말을 들어도 몸은 아무 반응을 하지 못한다.

일하다가 실수해서 돌멩이가 발에 떨어지면 아픈데, 사실은 마음이 아픈 것이다. "아파 죽겠다. 병원 가야지." 이렇게 말하는 것은 마음이다. 몸은 그냥 가만히 있다.

운동을 열심히 해서 근육이 멋있게 도드라진 몸을 가지게 되더라도 마음으로 죽어야겠다 하고 결심하면 그 사람은 끝난다. 마음이 시키는 대로 몸은 따라간다. 몸은 한다, 안 한다는 생각이 전혀 없다. 우리가 높은 곳에 있으면 떨어질까 봐 겁나지만, 기절한 사람은 가파른 낭떠러지에서 굴러떨어져도 무섭다고 발버둥 치지 않는다.

  깨닫기 전에는 누구나 몸과 마음이 항상 같다고 생각한다. 그러나 눈을 뜨고 보면 그것이 잘못된 생각이라는 것을 확실히 알게 된다.

  육체는 반드시 마음이 있을 때만 움직이고 작동한다. 몸 스스로는 절대 움직일 수 없다. 나이 든 여성들이 출산한 달이 되면 온몸이 쑤시고 아픈 경험이 있다. 이 현상은 몸이 출산한 달을 기억해서 아픈 것이 아니다. 깊은 내면에 있던 출산의 고통에 몸이 반응하는 것이다.

  어떤 지인이 교통사고를 당해서 갈비뼈가 다 부러지고 그것이 간을 찔러서 고생했던 적이 있다. 그런데 그분이 사고 났던 달만 되면 병원에 입원했다. 우리 몸이 생각하는 기능이 있어서일까? 아니다. 마음의 트라우마 때문이다.

  몸이 아프면 마음도 아프고, 마음이 아프니까 몸도 아프고 해서 몸과 마음은 서로 융합되는 것이 아닐까? 아니다. 평소에 건강한 몸을 가지고 있다가도 분노하고 스트레스를 받으면 마음 따라서 몸이 반응하는 것이다.

  신경을 쓰면 등 근육이 긴장해서 아프고, 머리도 아프다. 몸 스스로는 그렇게 할 수 있는 기능이 없다. 오직 마음에 의해서 몸이 반응한다. 우리가 기절해 있으면 발가락이 아니라 발이 잘려 나가도 가만히 있다. 우울증이 와서 그만 죽어버려야겠다고 결심할 때 몸이 절대 죽지 않겠다고 말할 수 있을까? 죽겠다, 죽지 않겠다는 것은 마음이 결정하는 것이지 몸은 스스로 생각할 수 없다.

그래서 예전에 수행자들은 밥을 하루에 한 끼만 먹었다. 몸이 너무 튼튼하면 마음은 가만히 있지 않고 쾌락적이고 감각적인 것을 쫓기 때문이다. 몸보다 마음을 돌아보기 위해서이다. 몸보다 마음이 상위 개념이다. 수행해 보면 몸은 그냥 마음의 부속물이라는 것을 명확히 알 수 있다. 그래서 몸을 무정물이라 한다.

내가 있어야 우주가 있다. 이 말은 내 몸을 비롯한 삼라만상이 바로 내 마음이 빚어낸 그림자라는 것이다. 이 육체는 사실 내가 아니다. '나'라는 것은 바로 지금 이 전체이다. 전체라는 하나의 생명이 '나'다.

내가 없으면
문제도 없다

　우리는 오늘도 열심히 살아가지만 진정 내가 누구인지 알지 못한다. 지금 나라고 생각하는 이 에고는 내가 아니다. 이것은 '가짜 나'다. 에고는 끝없이 나를 드러내려고 한다. 이 가짜 나가 제일 먼저 하는 일은 언제나 나는 옳고 상대방이 틀렸다는 것이다. 이 가짜의 나, 에고에 매번 속아서 우린 주위의 사람들과 부딪힌다. 그래서 삶의 모든 문제가 자신이 아닌 외부에 있다고 생각한다. 수행을 오래 한 사람들조차도 에고 때문에 공부가 더디다.

　우리는 태어나서 죽을 때까지 정말 많은 문제를 안고 살아간다. 그런데 그 문제에 직면하고 갈등하고 고민하는 내가 누구인지를 찾아보지 않는다. 끝없이 나는 옳고 타인은 틀렸다고 내세우는 이, 내가 누군지를 찾는 것이 깨달음이다.

　나라고 생각하는 에고인 이 마음은 내가 살아가고 있는 동안에 계속 활동을 하기 때문에 부정할 수는 없지만, 이것이 근원적으로 내가 아님을 알고 살아가면 많은 번뇌와 갈등에서 벗어날 수 있다.

　가끔 찾아오는 한 수행자는 공부를 많이 해서 마음이 정말 편하고 행복하다고 한다. 그러나 아무런 문제가 없을 때야 당연히 그 마음이지만, 자신에게 곤란한 문제가 있을 때도 그런 마음, 편하고 행복한 마음이 일어날 수 있느냐를 봐야 한다. 수행자는 곤란한 문제가 있을 때도 평온할 수 있어야 수행자의 자격이 있다. 우리가 찾고자 하는 본래의 참자아는 어떤 상황이 오더라도 전혀 흔들리지 않기 때문이다.

　앞집 공사 소음이 시끄러워 괴로워하는 사람이 있었다. 그런데 어느 날 본인이 집에서 그라인더를 돌리는데 그보다 더 큰 소음이 나는 것을 알았다. 정말 놀라운 일은 앞집 소음은 굉장히 거슬렸는데, 자신이 만든 큰 소음은 전혀 시끄럽지 않더라는 것이다.

　우리는 언제나 나라는 에고에 사로잡혀서 속아 넘어간 줄도 모르고 내 생각이 옳다고 치부해 버린다. 그래서 내 삶이 행복하지 않다. 내 삶을 고통에서 벗어나게 하는 방법은, 또한 나를 찾아가는 방법은 에고가 아니라 참나가 '진짜 나'라는 것을 늘 마음에 두는 것이다.

　에고인 내가 없으면 문제가 없다. 내가 가진 모든 걱정은 '나'가 있기 때문이다. 우리의 모든 문제는 밖이 아니라 내 안에 있음을 알아야 한다. 내면을 들여다보고 에고를 내려놓을 수 있으면 존재의 근원에 성큼 다가갈 수 있다.

생사여탈권이
나에게 있다

　우리는 흔히 자신의 존재는 별것 아닌 것으로 여긴다. 돈이나 명예가 있거나 똑똑한 사람이 세상의 주인공이라고 생각한다. 그러나 우리는 각자 위대한 능력을 지닌 존재이다. 어린아이든, 노인이든, 여성이든, 병든 사람이든, 모두가 다른 생명의 생사여탈권을 쥐고 있기 때문이다.

　여섯 살 어린아이도 "엄마, 나 통닭 먹고 싶어." 하면 닭이 바로 죽는다 "엄마, 나 돈가스 먹고 싶어." 하면 돼지가 바로 죽는다. 노인이 굴비가 먹고 싶다고 하면 조기가 즉시 죽고, 전복죽이 먹고 싶다 하면 해녀가 바다에서 전복을 잡는다. 또한 여름에 모기가 괴롭히면 그 즉시 죽여버린다.

　횟집에 갔는데 "숭어 먹을까? 노래미 먹을까? 쥐치 먹을까?" 하고 수족관을 둘러보는 사이, 그들의 생명은 지옥을 오간다. 한 생명을 죽이고 살리는 권한이 우리한테 있다는 것이다.

　우리는 별거 아닌 존재가 아니다. 어마어마한 저승사자급 능력을 갖춘 존재이다. 이것은 무엇이든지 가질 수 있는 경제적 능력보다 더 위대하고, 어려운 문제를 풀어내는 지적 능력보다 더 대단한 것이다. 그런데 우리는 이 능력을 들여다보지도 않고 자신은 아무것도 아닌 존재라고 폄하시킨다. 우린 모두 자기 자신을 잘못 알고 있다.

이렇게 대단한 지금의 나를 인지하고 인식하는 것은 내 안에 있다. 바깥에 있지 않다. 내가 가진 재산을 떼어내고, 미모도 떼어내고, 성별도 떼어내고, 학력, 직업 등 모두를 걷어낸 지금 나는 누구인가? 그것이 바로 진짜 나다.

나는 《팔만대장경》 안에도 있지 않고, 《반야심경》 안에도 있지 않고, 《법화경》 안에도 있지 않고, 《성경》 안에도 있지 않다. 나는 지금 존재한다. 바로 여기에.

나는 무엇인가?

　우리 마음은 몸이 없으면 작동을 못 한다. 마음만 있고 몸이 없다면 이 세상을 볼 수도, 냄새를 맡을 수도 없다. 소리를 들을 수 없고, 금덩어리를 줘도 만질 수 없다. 그뿐만 아니라 추운지도 더운지도 모르고, 부끄러움도 괴로움도 모르고, 걱정, 근심 그 무엇도 할 수 없다.
　우리의 몸 역시 마음이 없으면 작동하지 않는다. 기절한 사람은 세상 이야기를 할 수 없다. 마음이 없기 때문에 자식 얘기도, 남편 얘기도 하지 않는다. 꿈도 없는 깊은 잠 속에서 마음은 작동하지 않는다. 깨어나 마음이 연결되면 자식 걱정, 빚 갚을 걱정, 남편 걱정을 한다.
　이렇게 눈에 보이는 육체는 눈에 보이지 않는 마음이 있어야 작동한다. 우리는 세상을 살면서 있는 것만 알고 없는 것은 모른다. 있음은 없음이 있어야 온전하다. 육체를 움직이는 주체는 마음이다. 나라는 마음이 생기지 않고 육체만 있을 때는 이 세상 괴로움이나 행복을 전혀 느낄 수가 없다. 살면서 느끼는 고통이나 행복은 육체를 작동시키는 마음이 한다.

아무리 육체가 건강해도 내가 존재한다는 마음이 없으면 나는 세상을 살아갈 수 없다. 육체와 마음, 두 가지가 접목될 때 우리는 이 세상이 힘들다, 부당하다 하는 생각을 한다.

그렇다면 이 마음은 어디에 있는 것일까? 머리에 있는 것일까? 가슴에 있는 것일까? 아니면 배에 있는 것일까? 마음은 육체 속에 있는 것이 아니다. 그렇다고 이리저리 떠돌아다니는 것도 아니다.

본성에서 한 생각이 일어나서 나라는 육체와 마음이 동시에 나타난다. 마음은 육체와 본성 사이에 끼여 있어서 육체가 나타나도록 하는 매개체이다. 그러므로 마음도 내가 아니고 육체도 내가 아니고, 언제나 한 번도 행위를 하지 않은 본성, 참자아가 '나'다.

그런데 사람들은 이 본성을 잊어버리고, 마음과 육체가 나라고 여기기 때문에 고통이 있다. 참자아가 나다. 본성, 그것이 나다. 본성의 자리를 알면 이 마음도 실재가 아니고 이 육체도 실재가 아니다. 그것은 지금, 현재 인연에서 나타난 결과물에 불과하다.

육체는 눈에 보이나 내 마음은 눈에 보이지 않는다. 그럼 이 육체와 마음은 어떤 관계일까? 눈에 보이지 않는 마음은 어디에 있을까? 또 내 마음이 본성에서 일어났다면 이 본성은 어떻게 있는 것일까? 이렇게 생각을 차근차근 전개하면 본성의 자리를 찾아갈 수 있다.

'나'라는 생각은 무엇인가?

 사람들은 늘 생각으로 살아간다. 아침에 일어나서 밥을 먹어야 한다는 것도 생각이고, 회사에 출근을 해야 한다는 것도 생각이다. 우리는 종일 생각을 쫓아가며 산다. 그 생각들이 마음이다.
 생각은 쉬지 않고 일어나지만 그 자체로는 힘을 발휘하지 못한다. '나'라는 생각이 일어남과 동시에 그것을 전개시키는 에고라는 '나'가 나타난다. 에고가 있어야 누구한테 사랑한다 미워한다, 좋다 나쁘다 하는 표현을 할 수 있다.
 이 에고는 혼자서는 존재하지 못한다. 이 에고가 동일시하는 것은 바로 '육체가 나'라는 생각이다. 우리는 이렇게 '나'라는 개체를 형성해 살아간다.

 모든 것은 이 '나'라는 개체, 에고가 있기 때문에 일어난다. 고통스럽다는 것도 '나'라는 생각이 있어야 고통스럽다. '꽃이 참 아름답다.' '무늬가 곱다.' '바람이 분다.' '날이 춥다.' '자동

차가 멋지네.' 이런 모든 생각들도 에고에서 일어난다. 내 친구에게서 일어나거나 다른 사람한테서 일어나는 것이 아니다. 이것은 중요한 말이다. '나'라는 이 개체를 먼저 알지 못하면 존재의 근원인 나를 찾을 수가 없다.

이 세상이 연기의 법칙에 의해 나타났다 하려 해도 인식하는 '나'라는 개체가 먼저 있어야 한다. '내가 태어나기 전에도 세상은 연기의 법칙으로 돌아가고 있었지, 그런 속에서 나는 태어났지.' 이렇게 받아들이면 절대로 나를 찾지 못한다.

근원을 찾아 들어가면 이 현상계는 내가 일으킨 생각이다. 본래 있는 세상을 내가 보는 것이 아니다. 내가 있을 때 세상이 있다. 내가 세상을 '있다'라고 한다.

신이 존재한다는 것도 내가 태어나고 존재해야 가능한 일이다. 내가 먼저다. 죽어서 가는 천국과 지옥, 사탄과 마귀 등 온갖 것도 내가 만든 생각이다. 모든 것 이전에 그 근원 자리인 내가 있어야 한다. '나'라는 생각이 없이는 이 세상이 출발이 되지 않는다.

여기서 '나'는 본래 순수한 '나'와는 다른 것이다. 본바탕인 순수한 '나'에서 이 '나'라는 생각이 나타난다. 이 '나'라는 생각이 원래 존재인 참나에서 떨어져 개체로 나타나면 태어나고, 먹고, 마시고, 사랑하고, 늙고, 병들어 죽는 그러한 일들이 일어난다.

'나'라는 생각이 일어나는 근원인 참자아의 자리는 개체가 아니다. 이 전체이다. 참자아는 우리의 생각 밖에 있다. 거기는 망상도 없고, 분별도 없고, 생각도 없고, 마음도 없다.

참자아를 가장 빨리 찾아가는 방법은 생각을 멈추는 것이다. 지금 일어나는 이 생각들을 내면으로 돌려서 그것이 일어나는 근원이 어디인지 살펴봐야 한다.

나를 찾는 공부

 우리가 나를 찾는 공부를 한다고 할 때의 나는 이 육체를 말하는 것이 아니다. 나를 이루고 있는, 나를 이 세상에 나타나도록 한 근본 자리인 본성을 말하는 것이다. 나는 이 우주가 영원히 존재한다는 전제하에 그 속에서 태어나고 죽는 나가 아니다.

 이 육체나 이 현상계는 모두 내 마음이 빚어낸 것이다. 보통의 지성을 가진 사람은 있는 세상을 내가 봤지, 내 마음으로 만들어서 봤다는 것을 믿지 않는다.

 그런데 본성을 알고 나면 나도 환영과 같고 이 현상계 또한 환영과 같음을 알게 된다. 실제로 있는 것은 본성밖에 없다. 거기서 한 생각이 일어나 지금 내가 있고, 이 세상이 있고, 현상계가 있는 것이다.

 "이 우주는 언제 끝이 납니까?"

 "그대의 식(識)이 끝날 때 이 우주가 끝이 난다."

 이는 부처님과 제자의 문답이다. 내가 있을 때까지만 이 우주가 있다는 것이다. 이 말은 내가 세상을 만들었다는 것이다.

　나를 찾아가는 것이 지식을 더 쌓고, 경전을 더 알고, 온갖 것들을 더 많이 알아야 하는 것이 아니다. 또한 내가 부족해서 수행을 더 해야 아는 것이 아니다. 지금 내가 부족하고 모자란다는 것을 아는 그것이 나다. 그런데 우리는 자신이 똑똑하지 못하고 어리석은 줄만 알지 그것을 인지하여 아는 그것이 본성인 줄을 모른다.

　참자아인 이 본성은 시간도 없고, 공간도 없고, 나도 없고, 너도 없고, 똑똑함도 없고, 현명함도 없고, 지혜로움도 없다. 똑똑하거나 똑똑하지 않거나, 키가 작거나 크거나 그대로 다 완전한 참자아이다. 나는 이대로 완전하다. 돈이 없으면 초라한 인간이고, 지위가 높지 못하면 열등한 인간이라 하는 그러한 생각은 비교 의식이 만들어 낸 잘못된 생각일 뿐이다.

　우리가 찾고자 하는 나는 정말 다른 곳에 있는 것이 아니고, 지금 이대로 있는 것이다. 본성 입장에서 다른 것은 없다. 오직 본성 하나밖에 없다.

나는 불멸이다

사람에게는 안이비설신의(眼耳鼻舌身意) 육근이 있다. 우리는 이를 통해 현상계가 실재한다는 근거를 찾는다. 지금 앞에 주전자가 있는데 볼 수 없고 만질 수 없다면, 주전자가 있다는 것을 믿을 수 있을까? 오근(眼耳鼻舌身)을 바탕으로 인식(意)해야 주전자라는 것을 알 수 있다.

다시 말하면 내 눈으로 보거나 손으로 만지고 하는 오근의 작용과 내가 존재한다는 식(識)이 있어야 이것이 주전자임을 인지한다는 것이다. 내 자식이 있더라도 내가 눈으로 보고 만지며 인식이 더해져야 내 자식이라는 결론을 내린다.

우리는 죽으면 내 시체가 남을 것이라는 생각을 한다. 내 아버지의 시체가 남은 것을 봤기 때문이다. 그런데 그런 일은 없다. 내가 죽고 없는데 무엇이 있겠는가? 이 이치를 분명히 알면 내가 존재할 동안에만 세상이 있다는 것을 알 수 있다. '나'라는 식이 사라질 때 이 세상도 사라진다.

내가 존재한다는 생각이 들 때만 이런저런 생각이 있고 갈등이 있다. 그런데 기절만 해도 이것이 길다 짧다, 잘났다 못났다 하는 생각조차 없다. 여전히 나는 존재하지만 육체는 스스로 생각할 인지 능력이 없기 때문이다. 기절한 사람에게 뜨거운 물을 부어도 놀라지 않는다. 그러다 깨어나는 순간 나라는 생각이 들며 비명을 지른다. 이 에고는 내 존재의 근원이 아니다.

그런데 사람들은 눈에 보이는 이 육체와 마음이 나인 줄 안다. 그것이 고통의 원인이다. 진정한 나, 참나는 잠이 들거나 기절해서 정신이 돌아올 때 깨어나는 그것이다. 그것이 내 존재의 근원이다. 그 참나가 나인 것을 알면, 누가 나한테 기분 나쁘게 하더라도 지금의 이 몸과 마음이 내가 아니기에 상처를 입을 수가 없다. 이 세상은 참나에서 한 생각이 일어나서 내가 만든 허상이다.

존재의 근원인 이 참나를 알면 죽음이 없다. 태어난 적이 없기 때문이다. 내가 태어났다는 것은 생각이다. 만일 내가 태어난 적이 있고 이 육체가 나라고 알면 정말 병들고 늙고 죽는다. 하지만 참나는 죽지 않는다.

그리고 깨닫기 전에는 좋거나 나쁘다는 것이 에고의 분별이고 생각이지만, 깨닫고 나면 그것도 진짜인 나의 작용임을 알기에 진리이다. 그래서 '번뇌 즉 보리'라고 한다.

지금 막 흔들어서 깨어난 본성, 그것이 존재의 근원이다. 그것은 불멸이다. 그러므로 나는 불멸이다. 불교에서는 본성을 부처라 하기도 하고, 공이라 하기도 한다. 공이란 있는 것도 아니고 없는 것도 아니다. 나를 비롯한 세상 모든 것은 내가 만든 가짜이기에 있다 할 수 없고, 내가 존재할 때까지는 있으니 없다 할 수 없다.

에고는 '나'가 아니다

내 육체와 마음이 지금 이 순간 분명히 존재한다. 육체를 의식하는 이 마음을 에고라 부른다. 에고는 오직 나만을 생각하고 살아간다. 언제나 나는 많이 가져야 하고, 나는 편해야 하고, 나는 행복해야 하다 보니, 나도 고통스럽고 남도 고통스럽다.

원래 이 에고는 가짜인데 진짜처럼 행동하고 있다. 에고가 하는 일은 끊임없이 진짜처럼 나를 자꾸 드러낸다. 그래서 타인과 화합하고 협력하기보다는 언제나 부정적으로 행동하는 것이 에고이다.

독단적일 것 같은 이 에고는 참자아가 없이는 나타날 수 없다. 그 참자아가 진짜 '나'다. 이 에고는 '나'가 아니다. 에고는 단지 나인 것처럼 행동하는데 내가 속고 있을 뿐이다.

지금 자신을 한번 돌아보라. 대부분 에고에 다 속고 있다. 중요한 것은 속는지도 모른다는 것이다. 그렇게 에고에 속은 줄도 모르고 내가 다 옳은 줄 알고 산다.

깨닫고 보면 이 세상 모두가 참자아, 즉 본성 그 하나의 나타남이다. 그래서 나 자신도 아끼지만 남도 사랑하는 것이 본성의 마음이다. 모두를 사랑하는 마음이 들어 있다. 그런데 우리는 대부분 참자아가 '나'인 줄 모르고, 지금 가지고 있는 육체와 마음이 나인 줄 알고 이것만을 위하면서 살아가고 있다. 이 몸과 마음은 참자아가 아니기 때문에 집착하면 안 된다. 그냥 임시로 있는 것이다. 임시로 그냥 나라는 마음이 있을 때만 있다. 기절하거나 잠이 들면 에고 의식은 사라진다.

참자아는 세상에 대해 관여하지 않는다. 언제나 여여하다. 좋다, 나쁘다는 개념 자체가 없다. 우주에서 일어나는 일은 무심히 일어나는데 우리는 각자의 생각대로 '눈이 와서 길이 미끄럽다.' '여름 장마가 길다.' '물가가 올라도 너무 올랐다.' 하는 온갖 이유를 붙이며 좋다, 나쁘다 끊임없이 반복하며 살아간다.

참자아는 언제나 가만히 내가 하는 행위를 단지 그냥 지켜보고 있을 뿐이다. 올림픽에서 금메달을 따서 방방 뛰어도 참자아는 그저 지켜보고 있고, 동물을 살생해도 가만히 지켜보고 있다. 내가 남에게 악행을 해도 해도 참자아는 가만히 있다. 언제나 없는 듯이 지켜보는 그것이 본래의 '나'다.

'이 육체와 마음이 나인 줄 알았는데 그 바탕에 있는 참자아가 나네.'

이렇게 아는 것을 깨달았다고 한다.

본성은 있는 것인가?

우리는 꿈도 꾸지 않는 깊이 잠든 상태나 꿈을 꾸는 상태 또는 깨어 있는 상태에 늘 있다. 살아 있는 동안 이러한 세 가지 상태를 왔다 갔다 한다.

꿈도 꾸지 않는 깊이 잠든 상태에서는 세상이 없다. 나라는 생각과 마음이 없기 때문이다.

꿈을 꾸는 상태에서는 세상이 펼쳐진다. 이 몸과 마음이 나라는 생각이 들기 때문이다. 몸과 마음이 나라고 하는 이 상태에서는 꿈속 세상을 만든다. 꿈속에서 세상이 펼쳐지면 자신은 그전부터 그 속에 살았다고 생각한다. 그리고 꿈을 꾸고 있는 동안에는 모든 것을 실재라고 여긴다. 하지만 꿈을 깨고 나오면 꿈속 세상이 분명 있었는데 없다. 꿈속에서 보았던 세상은 그대로가 다 공의 나타남이었다.

꿈속 세상이 실재가 아니듯 지금 우리가 살고 있는 이 현상계도 똑같다. 내가 있을 때만 있다. 이 육체와 마음이 내가 존재한다고 할 때만 있다는 것이다. 그래서 내가 이 세상에 언제부터 살고 있었는지 사실은 모른다. 두세 살 때의 기억이 있다고 하면 이것은 잘못된 앎이다. 다른 아기들이 태어나는 것을 보고 나도 저렇게 태어났을 것이라고 막연하게 짐작할 뿐이다. 마찬가지로 이 세상이 언제 끝나는지 모른다. 꿈을 꾸는 동안 언제부터 내가 꿈속에 있었는지 모르듯이, 또 언제쯤 꿈이 끝날지 모르듯이.

깨어 있는 상태에서는 에고가 주인이다. 이 에고는 몸과 마음이 나라는 생각이 들 때 나타난다. 이 에고가 안이비설신(眼耳鼻舌身)의 오근으로 인식(意)할 때 현상계가 나타난다. 현상계에서는 항상 에고의 활동으로 온갖 불행과 걱정, 고통이 즉시 나타난다.

내가 누구인지를 묻는 것은 깨어 있는 상태의 육체나 마음을 알고자 하는 것이 아니다. 이것의 배경인 공, 즉 본성을 알고자 하는 것이다. 육체와 마음이 내가 아니고 공, 본성이 내 근원이기 때문이다.

나는 누구인가? 했을 때 '뜰앞의 잣나무' '마른 똥막대기' '마삼근'이라 한 것은 모두 공, 본성을 가리키는 것이다. 공부의 끝점은 이 육체와 마음이 나타난 배경인 그것을 아는 것이다. 공, 본성을 알아야 다 안다고 할 수 있다. 우리는 모두 본성을 찾아가는 여정에 있다.

본성은 침묵이다

보편적으로 침묵이란 말을 하지 않는 것이라 여긴다. 그런데 그것이 아니고 생각이 일어나지 않을 때가 침묵이다. 안에서 온갖 생각이 일어난다는 것은 밖으로 표현하지 않았을 뿐이지, 말을 하는 것과 같은 상태이다.

근본적으로 나에게 가장 가깝게 다가갈 수 있는 본성의 상태는 침묵이다. 내 안의 생각이 멈춘 상태이다. 생각은 잘 멈춰지지 않는다. 생각하고 싶지 않아도 생각은 일어난다. 그러다 그 생각들을 보고 있으면 어느 순간에는 또 멎을 때가 있다. 생각이 일어난다는 것은 에고의 상태이다.

본성인 침묵의 자리는 모든 분별과 개체를 초월한 전체이다. 나는 이 전체이다. 내가 저 나무며, 지금 울고 있는 매미이며, 앞집이며, 내 어머니라는 것이다. 그러므로 《금강경》, 《반야심경》 같은 경전을 보는 것도 좋지만 눈에 보이는 세상을 마음으로 가깝게 받아들이는 것이 중요하다. 늘 저것과 내가 하나 될 수 있는, 지식을 넘어서는 형이상학적인 마음을 만들어 가야 한다.

 우리 눈앞에 보이는 삼라만상은 '나', 본성이 만들어 낸 것이다. 다시 말하면 참자아가 모습을 바꿔서 나타난 것이다. 그래서 선사들이 검지를 치켜세워 "이것밖에 없다!"라고 한다. 지금 눈앞에 있는 찻잔도 참자아이고, 작품으로 빚은 염소 형상도 건너편에 앉은 친구도 참자아의 나타남이다.

 우리는 이미 다 깨달아 있는 본성이며 참자아의 상태인데 스스로 부정하며 다가갈 마음의 준비가 되어 있지 않다. 하나 더하기 하나가 다섯이라 했을 때 틀렸다가 아니라 왜 그럴까? 하고 받아들여 마음을 넓혀야 한다.

 밤하늘의 은하수도 보고, 흘러가는 구름도 보고, 주위에 피어 있는 꽃도 보며 경계를 늦추고 그냥 있는 그대로 순수하게 보는 연습을 해보라. 깊은 침묵 속에서 나를 맞이할 수 있다.

 오로지 나만 존재하는 상태인 침묵만이 진실하고 완전한 앎이다. 외부에서 보는 삼라만상은 실체가 아니며 '나', 본성이 만들어 내는 그림자일 뿐이다. 참된 앎이 모습을 바꿔 형태를 드러낸 것일 뿐이다.

오직 나에게 몰입하라

 나를 찾으려면 단순해야 한다. 이 우주의 진리는 하나이기 때문이다. 높은 수준의 지식을 쌓아야 나를 찾을 수 있는 것이 절대 아니다. 언제나 지금 이 자리에서 눈만 감아도 존재하는 것이 나다. 나를 알면 이 세상 진리를 다 아는 것이다. 극과 극은 통하기 때문이다.

 세상의 고통도 내가 느끼고, 기쁨과 행복도 내가 느끼고, 근심도 내가 느끼고, 내 몸에 병이 든 것을 걱정하는 것도 내가 한다. 깨닫고자 하는 것도 나다. 내가 없이는 그 무엇도 일어나지 않는다. 모든 현상의 출발점은 나다.

 나는 다른 무엇이 아니다. 나는 세상하고 동떨어진 특별한 이론이 있거나 거룩한 그런 것이 내가 아니다. 또한 내가 성공해야만 내가 아니다. 돈이 많아야만 내가 아니다. 그런데 우리는 그렇게 되어야 하는 줄 잘못 알고 있다.

 지금 이대로가 나다. 보는 그것이 나고 듣는 그것이 나다. 지금 찾고자 하는 '나'는 성별도 나이도 떠나고, 잘생기든 못

생기든, 넉넉하든 부족하든 이러한 것과는 아무 상관이 없다.

그렇게 찾고자 하는 본래의 '나'는 한 번도 나를 떠난 적이 없다. 나는 밖에도 있고 안에도 있지만, 나를 찾기 위해서는 마음을 내 안으로 몰입해야 한다. 지금 바로 여기, 내가 내 안에 있는데 다른 곳인 밖에서 찾을 수는 없다. 밖에 있는 그것을 인지하는 자가 나이기 때문이다. 그런데 나를 찾고 나면 안과 밖이 따로 없다. 지금 이대로가 전부 나다.

나는 참자아의 꽃이다

　우리는 남들처럼 살아야 행복하다는 삶의 기준이 있다. 넓은 아파트에서 유명 디자이너가 만든 옷을 입고, 비싼 차를 타면 행복한 삶이라고 여긴다. 그런데 그러한 보편적인 삶의 기준 때문에 오히려 힘들 때가 많다. 그런 기준이 내 것이 아니기 때문이다.

　벤츠를 타야 좋다는 세상의 기준을 내려놓고 티코를 타도 당당하면 된다. 명품백을 들어야 좋다는 세상의 기준을 내려놓고 싸구려 백을 들어도 당당히 메고 다니면 된다. 내 행복의 기준은 내가 만드는 것이기 때문이다.

　내 삶이 힘든 것은 진정 내가 하는 일이 힘들어서가 아니다. 습관적으로 타인과의 비교를 통해 스스로 열등감이나 위축감을 느끼기 때문이다. 그래서 자신이 잘생기지도 않고, 돈도 못 벌고, 일류 대학을 나오지 않았다는 이유 아닌 이유를 찾아내곤 한다. 그리고 타인은 자신보다 적게 일하고도 돈을 잘 벌어 행복하게 산다고 생각한다. 행복은 타인과의 비교를 통해 얻어지는 것이 아니다.

　어떤 사람이 찾아와 어릴 때 집안이 가난해서 고생을 많이 했다고 한다. 공부도 더 하고 싶은데 못 하고, 좋은 것도 먹고 싶은데 그러지 못했고, 여름엔 덥고 겨울에는 너무 추워 부모님을 원망했다. 그런데 마음공부를 하다 보니 그것이 모두 틀렸음을 알게 되었다. 복이 없는 부모가 아니라 복이 없는 내가 문제였다는 것이다. 맞는 말이다. 내가 복이 있었으면 좋은 집안에서 태어나고, 또 내가 복이 있었으면 부모도 잘 풀려서 모두 고생하지 않았을 것이다. 모든 것은 부모 복이 없는 내 탓이었다.

　똑똑하지도 않고 돈도 잘 벌지 못하는 남편을 둔 아내는 항상 불만이다. 남편 복이 지지리도 없다 한다. 그런데 이 생각도 틀렸음을 알아야 한다. 복 없는 아내를 만나서 맨날 무능력하다고 욕 듣고 사는 남편은 어찌 보면 희생자다. 복 있는 아내였으면 그 남편도 제대로 능력을 발휘해서 멋있게 살아갔을 것이다. 남편이 복이 없어서가 아니라 아내 본인이 복이 없어서 그렇게 사는 것이다.

　우리는 자식들이 모두 마음에 안 든다. 공부도 못 하고, 게임에 빠져 있고, 나이를 먹었어도 용돈을 타가기 때문이다. "참, 나는 자식 복도 없다!" 이렇게 탄식하며 자식 탓을 한다. 그러나 그것도 잘못된 생각이다. 복이 없는 자식 탓이 아니다.

자식 복이 없는 내 탓이다. 모두가 내 탓이다.

　지금 마음에 들지 않는 부모가, 마음에 들지 않는 남편이, 마음에 들지 않는 자식이 삶 속에 있다. 그것이 우리의 현실이다. 그런데 그들을 탓하며 이 현실을 부정하고 살다가 죽는다면 얼마나 불행한 일인가?
　지금 내 앞에 놓인 현실을 받아들여 당당히 살면 된다. "내 삶이 이렇다. 그래서 어떻단 말이야?" "나는 티코도 없어서 자전거 탄다!" 이렇게 당당하게 살면 된다. '나'가 있는 사람은 남의 눈치를 보지 않는다. 내 삶의 주인공은 '나'다. 나답게 펼쳐가는 삶이 가장 아름다운 것이다.
　우리 본성은 완전하다. 그 본성이 완전한 꽃을 피운 것이 '나'다. 지금의 나는 꽃이다. 그러므로 꽃같이 아름답게 살면 된다.

깨달음은 축복이다

 우리가 찾는 진리는 항상 눈앞에 있지만 보지 못한다. 그것은 에고인 나에 대한 집착 때문이다. 내가 나인데 어떻게 나를 놓아버리라는 것일까? 진짜 나라고 하는 참자아를 깨닫는다는 것은 무엇일까?

 부처님은 45년간 설법을 하셨다. 경전을 보면 게송이나 비유를 든 법문이 8만 4천에 이른다. 왜 그렇게 많은 법문을 하셨을까? 대기설법(對機說法)을 했기 때문이다. 사람은 저마다의 근기가 다르므로 각각의 수준에 맞는 설법이 필요했다. 의사가 환자의 병을 정확히 알아야 치유할 수 있듯이 선지식은 제자의 마음을 정확히 꿰뚫어 볼 수 있는 안목이 있어야 깨달음을 줄 수 있다.

 깨달음은 논리나 학식으로는 절대 얻을 수 없다. 머리로만 알아서 되는 것이 아니다. 이 공부는 혼자서는 어렵다. 눈을 뜬 스승 가까이에 앉을 때 우주와 합일된 경지에 도달할 수 있다. 가까이 앉는다는 것은 비밀스러운 가르침이란 뜻이 포함

돼 있다.

우리의 모든 사고는 나와 너라는 개체에서 출발한다. 그런데 이 참나는 나와 너라는 개체가 없다. 주체와 객체가 따로 있는 것이 아니다. 언제나 '보는 자' 안에 '보이는 대상'이 나타난다. 주체로서 보는 내가 있어야 보이는 대상인 그것이 있다는 것이다.

그래서 나와 그것이 다르지 않다. 언제나 나와 그것이 같은 하나다. 즉, 하나의 본성에서 나온 개체라는 것이다. 하나라는 이 말도 세상 기준일 뿐이다. 본성, 이것밖에 없으면 하나라는 말도 맞지 않다. 그냥 본성밖에 없다. 이것뿐이다. 본성, 이것이 나고 전체이다.

공부에 진전이 있으면 스승의 안내로 제자는 본성, 이 하나에서 일체가 나온 순간을 경험하게 된다. 그 경험은 완성이나 구원이 아니라 사라짐이다. 얼음조각이 바닷속으로 들어가듯 그 사라짐은 전체가 되는 것이다.

많은 부처님과 선지식들이 걸었던 그 길은 아는 자만이 안내할 수 있다. 본성의 자리에 머물러 있는 선지식은 밝은 하늘에서 별을 얻는 것보다 더 얻기 어렵다고 했다. 선택받은 자들만이 가능하다.

나는 스스로 존재한다

우리가 찾고자 하는 참나, 즉 본성은 오로지 스스로 존재한다. 다른 대상에 의해서 존재하는 것이 아니다. 그냥 지금 그대로 있다. 언제나 말없이 있다. 여기에 이르는 방법은 고요해지는 것이다.

고요해진다는 의미는 자신을 없애라는 뜻이다. 지금 내가 아버지이고 남편이라면 그 관계를 지우라는 것이다. 또 병원장이거나 회사의 부장이라면 그 직업과 지위를 없애라는 것이다. 내가 소유한 차와 집, 모든 재물도 다 떼어내야 한다. 왜냐하면 모든 형상과 빛깔이 괴로움의 원천이기 때문이다.

이렇게 세상의 보편적인 가치와 관념을 버리고 고요해지기만 하면 나를 깨닫는다. 그래서 선사들도 세상에서 가장 쉬운 일이 나를 깨닫는 것이라고 말했다.

우리가 찾고자 하는 나는 모양이 없다. 색깔도 없다. 그러나 나는 언제나 존재한다. 부모 몸을 받아 태어나기 전에도 나는 존재했고, 지금도 존재하며, 이 육체가 소멸해도 존재한다.

이것은 흔히 말하는 영혼 같은 것이 아니다. 좋다, 싫다, 옳다, 틀리다 하는 온갖 생각을 내려놓은 상태, 즉 생각이 일어나기 전의 상태가 온전한 나의 존재이다.

모든 생각을 쉬기만 하면 즉시 근원인 나에게 도달한다. 나는 나에게서 떨어져 있지 않다. 언제나 나와 같이 있다. 깨닫기 전에는 나와 같이 있다고 말하지만 깨닫고 보면 전체가 그냥 나다. 나밖에 없다.

우주 전체가 나의 본성이다

　물고기는 물에서 태어나고 물에서 살다가 죽는다. 처음부터 태어난 곳이 물이었고 한 번도 그곳을 벗어난 적이 없기에 물을 가장 잘 알 것 같지만, 물고기는 진정 물을 모른다.

　나는 이대로가 본성의 나타남이다. 본성이 아니면 태어날 수 없다. 좋아한다 미워한다, 행복하다 불행하다 갈등하며 살아온 삶의 바탕도 바로 본성이다. 물고기처럼 나 역시 본성에서 한 번도 벗어나 생활한 적이 없다. 그렇지만 나는 진짜 나를 모르고 산다.

　우리 눈앞에 펼쳐지는 모든 것이 바로 본성의 나타남이다. 핸드폰, 의자, 선풍기, 집, 자연이 모두 본성의 나타남이므로 그것들은 바로 나다. 본성인 내가 없으면 그 무엇도 존재할 수가 없다.

　자식과 아내, 남편과 부모님 또한 나다. 이 우주 전체가 다 본성인 나다. 우리는 나를 찾지만 '나'가 너무 가득 차 있어서 나를 모른다. 내 눈앞에 보이는 그 무엇도 나 아닌 것이 없다.

산을 생각하면 그 순간에 내 마음은 산으로 가야 한다. 바다를 생각해도 그 순간에 내 마음이 바다로 가야 한다. 미국을 생각하면 내 마음은 미국으로 움직여야 하고, 사랑하는 연인을 생각하면 내 마음은 연인에게 가야 한다. 꽃도, 나비도, 자전거도 내 마음이 가지 않고 나타나거나 생각이 나는 경우는 없다. 내 눈에 보이고 귀에 들리고 하는 것은 모두 내 마음의 나타남이다.

원래부터 그곳에 있는 대상을 내 마음이 봤다고 생각하면 안 된다. 대상이 그곳에 먼저 있어서 내가 보는 것이 아니다. 내 마음이 그곳에 가기 때문에 그 대상이 생기는 것이다. 모든 것은 나를 벗어나서 존재할 수 없다.

우리의 본성은 나를 한 발짝도 벗어난 적이 없다. 태어날 때 본성에서 태어나고, 생활하는 곳이 본성이고, 죽는 곳이 본성이다. 너무 가까이 있으니까 오히려 본성을 모른다. 바로 이대로가 나의 본성이고 나의 마음이다. 이 세상과 우주 전체가 다 나의 본성이다. 이렇게 알아야 나를 찾아갈 수 있다.

우주 전체가 나다

나는 누구인가? 이것은 세상의 과학이나 의학적인 지식, 상식으로 알 수 있는 것이 아니다. 이 육체와 세상은 분명 따로인데 전체가 나다, 나 하나밖에 없다고 하면 믿기가 쉽지 않다. 이것은 논리적으로 추론해서 되는 것이 아니다. 중간 과정을 모두 빼고 통찰해서 순간적으로 '그렇네!' 하고 느끼는 것 말고는 방법이 없다. 세상의 모든 상식과 지식을 내려놓을 때 나와 우주의 합일이 이루어진다.

사람이 기절하거나 꿈도 꾸지 않는 잠에 빠져들면 세상을 알지 못한다. 그런데 흔들어서 깨우면 눈을 뜨고 세상을 본다. 흔들어 깨울 때 깨어나는 그것이 '나'다. 그것이 내 본래의 모습이다. 깨어난 그것, 그것은 기절한 상태에서도 있었고 깨어나서도 그대로 있다.

그것이 세상과 육체를 인식하고 내가 존재한다고 생각한다. 흔들어 깨어난 그것이 없으면 육체가 있어도 보지 못하고, 듣지 못하고, 말하지도 못한다. 이 세상에 존재한다고 말할 수도 없다.

흔들어 깨웠을 때 눈을 뜨면 하늘의 별이 한꺼번에 다 보인다. 가까운 별은 빨리 보이고 멀리 수억 광년 떨어진 별은 나중에 보이는 것이 아니다. 모든 별은 동시에 다 보인다. 전체가 나이기 때문이다.

부모미생전 본래면목(父母未生前 本來面目)이라는 화두가 있다. 부모 몸 받아서 태어나기 전에 나는 누구였는지를 묻는 것이다. 기절했을 때 흔들어서 깨운 그것은 내가 태어나기 전에도 그대로 있었다. 내가 죽은 후에도 그대로 있다. 그것은 늘 우주 전체에 그대로 있다. 그러다가 '깼다!' 하는 의식과 동시에 세상이 펼쳐진다. 그러면 '이 육체가 나네!' 하면서 성적이 떨어졌다, 기분이 좋다, 나쁘다 하며 자신의 이야기를 시작한다.

우주가 먼저 있는데, 내가 그 우주에 태어났다고 생각하면 안 된다. 기존의 지식과 상식으로 보면 너무도 황당하게 들리겠지만 진리를 알기 위해서는 어쩔 수 없다.

내가 잠이 들거나 기절했을 때 이 세상은 존재하지 않았고 알지 못했다. 태양도 없었고 가족과 승용차, 집 모든 것들이 없었다. 그런데 흔들어 깨웠을 때, 깨어나면서 삼라만상이 동시에 보인다. 전체가 한꺼번에 보인다. 한꺼번에 보이는 그 전체가 나다!

전체인 그것이 자신한테 들어오면 내가 있고, 새에게 가면 지지배배 울고, 개구리한테 가면 개굴개굴한다. 깨어난 그것, 그것을 불교에서는 공, 진리, 부처라고 한다.

그런데 그것을 알았다고 무엇이 달라질까? 전체가 나인 줄 알면 생각이 확장되어 나라는 개체가 없기 때문에 내 것이라는 개념이 없어진다. 내 집, 내 자식, 내 돈 할 것이 없으니 집착할 일도 없다. 또 남이 나에게 섭섭한 말을 하더라도 밉지 않다. 그래서 고통이 없게 된다.

우주는 때가 있다

　우리는 젊으면 건강하거나 아름다운 것에 대해서는 고민을 하지 않는다. 또 경제적으로 풍요로워지면 세상살이가 별로 고단하지 않다. 그러다 시간이 흘러 육체적으로 병들고 경제적으로 어려워지면 아주 고통스럽다. 병들고 돈이 없어 고통일 것 같지만 사실은 그렇지 않다.

　모든 것은 때가 있다. 이 우주를 지키는 힘이 나의 모든 것을 꿰뚫고 나를 가장 좋게 만들어 줄 것을 찾아서, 좋은 때를 맞추어 지금 나에게 왔음을 알아야 한다. 젊고 건강하거나 아름다운 것도 제때 나를 찾아왔고, 육체적으로 병들거나 경제적으로 어려운 것도 제때 나를 찾아온 것뿐이다. 나를 가장 좋게 만들어 줄 똑같은 힘이 찾아왔을 뿐이다.

　우주는 때에 맞게 그러한 일이 일어나도록 할 뿐이다. 그런데 실제로 우리는 때의 의미를 잘 이해하지 못하고 각자 자신의 상황에 따라 좋다, 나쁘다 분별하니까 고통이 따르는 것이다. 내가 젊고 건강할 때는 당연히 그것을 받아들이니까 고통이 없었다. 지금은 세월이 지나서 늙거나 병들고 경제가 어려워지는 때를 똑같이 만났는데 그것을 받아들이지 못하는 것이 고통이다.

이 우주는 궁극적으로 일어나야 할 일은 일어나고 일어나지 않아야 할 일은 일어나지 않는다. 여기에는 선악의 개념이 없다. 그것을 단지 내가 받아들이느냐, 받아들이지 않느냐 하는 데서 오는 고통의 차이가 있을 뿐이다.

그런데 우주에서 온갖 일이 정확히 때를 알고 찾아와도 결국 내가 있어야 의미가 있다. 그러므로 세상을 걱정하고, 죽기를 두려워하고, 아픈 것을 걱정하는 나는 누구인가를 아는 것이 중요하다. 나에게 몰입하는 것이 나를 찾는 출발점이다.

죽음으로부터의 자유

우리는 가끔 죽음이 두렵지 않다고 말한다. 때가 되면 죽을 것이라 생각하기 때문이다. 실제로 죽음이 두렵지 않은 것일까? 그동안 소중한 가족, 친구들과 울고 웃으며 살았는데 그 모든 것을 한꺼번에 내려놓아야 하는 죽음이 두렵지 않다는 말은 거짓이다.

사실 하루를 산다는 것은 하루를 죽는 것이다. 허무주의자가 되어 죽음을 말하려는 것이 아니다. 삶이 무엇인지를 알고자 하면 죽음이 무엇인지를 알아야 한다. 극과 극은 그 본질이 같은 것이기 때문이다.

교통사고로 아찔한 순간을 모면한 사람이 하마터면 죽을 뻔했다고 말한다. 그런데 시간이 지나 곰곰이 생각해 보면 그때는 내가 죽을 뻔했다고 생각한 것뿐이지, 진실로 죽을 때가 아니었다는 것을 알게 된다.

모든 생명은 죽을 때가 아니면 죽지 않는다. 내가 살고 싶어도 오늘이 죽어야 할 시간이면 더 이상 살 수 없다. 내가 죽고 싶어도 오늘이 살아야 할 시간이면 죽지 않는다. 내 뜻대로 살고 죽는 일을 통제할 수 없다. 이 이치를 알고 나면 우리는 단지 살아갈 뿐이고, 그러다 때가 되면 죽을 뿐이다.

아프리카에서 얼룩말들이 떼를 지어 가다가 사자나 표범들의 공격으로 단숨에 잡아먹히고 만다. 우리는 얼룩말이 그렇게 죽는 것은 지극히 자연스러운 것으로 여기며, 제때 죽었다고 생각한다. 그러면 사람의 죽음도 그와 같아야 할 것이다. 죽음의 본질은 모두 같기 때문이다.

요즘 의술이 발달해서 많은 사람이 장수하는 시대이다. 과연 나의 죽음은 어떤 모습일지 궁금해질 때가 있다. 이런 고민을 하다 보면 내 죽음은, 내가 어떤 모습으로 죽을지는 내가 살아 있을 때 결정해야 한다는 결론에 이르곤 한다. 오늘 짜장면을 먹을지 짬뽕을 먹을지 내가 결정하듯이.

우주의 흐름에 따라 살다가 때가 되면 육신을 자연에 돌려주는 것이 섭리이다. 흐르는 대로 맡기고 소풍 나온 듯 즐겁게 살면 된다. 수행하는 많은 사람이 늙고 병들고 노쇠해서 제힘으로 일어나 앉지 못하면 스스로 곡기를 끊고 자연으로 돌아간다. 죽음을 초월한 인간의 품위와 거룩함이 빛나는 순간이다.

지혜로운 자는 죽음을 터부시하지 않고 그것의 정체를 정확히 안다. 그러면 진정으로 삶을 두려워하지 않고 적극적으로 살 수 있다. 죽음에 대해 안다는 것은 이 순간 존재하는 내가 누구인지 아는 것이다.

　내가 있을 때 이 우주가 있다. 내가 존재하기 때문에 떠오르는 태양이 있고, 강변에서 물안개가 꽃처럼 피어오르는 것이다. 죽음도 태어남도 없는 진짜 '나', 본성을 알면 진정 자유로워진다.

나는 태어나기
전부터 있었다

　우리는 아침이 되면 저절로 눈을 뜬다. 저절로 눈을 뜨게 하는 그것이 우리가 찾고자 하는 것이다. 오늘 아침 눈 뜬 사람 중에 그것이 없는 사람은 아무도 없다. 그것이 있어야 생각하고 말하고 행동한다. 그것이 없다면 이 몸은 나무토막에 불과할 뿐이다. 지금 이 육체는 내가 아니다. 그것이 있으므로 내가 지금 여기에 있는 것이다. 그것이 진짜 '나'다.

　내가 없는데 이 세상을 본 적 있는가? 꿈에도 내가 들어가야 그 세상이 있고, 내가 꿈에서 빠져나오면 그 세상은 없다. 그러면 언제나 내가 있을 때 꿈속 세상이 있다. 깊은 잠이 들었을 때 세상을 본 적이 있는가? 없다. 그때는 왜 없을까? 나라는 생각이 일어나지 않아서 세상이 펼쳐지지 않기 때문이다. 어제 꿈속에서 본 꽃도 호미도 사과도 다 내가 있어서 내가 만들고 펼쳐낸 것이었다.

　이 세상도, 이 우주도 언제나 내가 이렇게 바라보고 생각하는 마음이 있을 때 보인다. 이 세상이 꿈속과 닮았다는 이유는 바로 그것이다. 언제나 내가 있을 때만 이 세상이 있다. 내가 기절만 해도, 잠만 들어도 이 세상은 없다. '나'라는 것을 인식할 때 이 세상이 존재한다. 그러므로 우리는 "아! 이 세상도 언제나 내가 있을 때 있구나. 내가 보고 있을 때 존재하는구나." 하고 의심 없이 받아들여야 한다.

오직 나로 인해서 세상이 나타난다. 이렇게 대단한 능력을 가진 존재가 바로 나다. 내가 지금 늙었거나 아프거나 상관없이 나는 이미 위대한 존재이다.

아무리 멋있는 육체를 가졌어도 이것은 내가 아니다. 육체를 움직이는 근원적인 그것만이 나다. 깨닫고 보면 에고 역시 그것의 나타남이다. 그것은 내가 부모에게 몸 받아 태어나기 전부터 있었다. 그런데 그것이 어떤 형태로 어디에 있는지 모를 뿐이다.

내 근원인 그것은 영원히 죽음이 없다. 그것은 이 육체가 사라져도 그대로 있다. 그런데 우리는 지금 내가 가지고 있는 이 모습만이 나라고 하기 때문에 아직도 나를 찾지 못한다.

참나는
객관화할 수 없다

　우리가 '나'를 찾는다고 할 때의 나는 이 육체와 마음의 내가 아니다. 우리가 찾고자 하는 나는 그 현상적인 나가 나타나는 바탕인 순수 존재인 '나'를 말한다. 중요한 것은 순수 존재인 '나'와 현상적인 나 사이에는 단절이 없다는 것이다.

　잠이 들었을 때의 나는 순수 존재인 '나' 그대로이다. 여기에서는 생각과 마음이 없기 때문에 고통, 근심, 걱정이 나타나지 않는다. 순수 존재 위에서 깨어날 때 생각이 일어나면서 온갖 고통, 근심, 걱정이 즉시 나타난다.

　우리가 깨어 있을 때는 순수 존재의 바탕 위에 내가 있는 줄을 모르고 잊고 산다. 그렇다면 이 순수 존재인 '나'는 어디에 있을까? 그 원래의 '나'를 알기 위해서 불교에서는 화두를 들며 정진한다. 순수 존재인 이 '나'는 나의 근원이자 공인데 한 생각이 일어나면서 걱정 근심을 하는 이 현상계에 있게 된다.

　그런데 이 현상계가 먼저 있는 상태에서 내가 존재하는 것이 아니다. 꿈속 세상이 원래 있었는데 내가 들어가서 본 세상이 아니듯이. 꿈속에서도 우리는 냄새를 맡고 눈으로 보고 촉감으로 느끼고 다 하지만 꿈속 세상을 빠져나오면 그 세상은 없다. 이 현상계도 그와 같다. 내가 존재할 때만 이 현상계가 있다. 내가 만든 세상이다. 현상계 전체가 나다.

순수 존재는 이 우주 전체이다. 이것은 따로 내가 얻을 수 있는 것이 아니고 원래부터 내가 이런 존재라는 것이다. 이대로 참나이고 공이다. 이렇게 다 되어 있는 것을 다만 몰랐다는 것이다.

우리는 이미 모두 다 깨달아 있다는 말이 그래서 있다. 이 육체와 마음이 내가 아니라 그것이 나타난 배경인 순수 존재, 참나가 '나'인 줄 아는 것을 깨달음이라고 한다.

이 참나는 객관화할 수 없다. 우리는 눈으로 이 세상을 다 보지만 이 눈이 있다는 것을 증명할 수 있을까? 없다. 우리 눈은 절대 눈을 보지 못하기 때문이다. 보이는 모든 것이 바로 내 눈이다. 참나도 그와 같다. 지금 내가 존재한다고 생각하는 이것, 존재한다고 느끼는 배경이 참나다. 나는 참나를 볼 수 없고 증명할 수 없지만 참나 없이는 내가 이 순간 존재할 수가 없다는 것은 자명하다.

본성을 찾는 것은 부처나 예수 같은 위대한 자가 하는 것이 아니다. 바로 내가 하는 것이다. 내가 지금 이 순간 존재하기 때문이다.

지금 내가 존재하는 이유가 참나다. 내가 곧 참나다. 내가 지금 이 순간 존재하는 그 자체가 이미 부처이고 본성이기 때문에 모를 수가 없다. '나'를 곧 알게 된다.

현상계는
나에게서 나왔다

지금 우리 눈앞에 달, 태양, 동물 등 삼라만상이 다 있다. 그런데 그것이 있다는 근거는 안이비설신(眼耳鼻舌身)의 오근을 통해 내가 생각(意)을 했다는 것에서 찾을 수 있다. 우리는 이렇게 육근(眼耳鼻舌身意)을 통해 세상을 인지한다.

여기서 중요한 것은 오근으로 들어오는 것을 최종적으로 내 생각이 인식한다는 것이다. 생각만 일어나고 오근이 없다면 이 세상이 있다는 근거를 어디에서도 찾을 수 없다. 생각만 있고, 눈에 보이지 않고, 귀에 들리지 않고, 냄새를 맡을 수 없고, 맛을 느낄 수도 없고, 촉감을 느낄 수도 없다면 이 세상이 있다는 근거를 찾을 수가 없다는 것이다.

또한 오근만 있고 그것을 인지할 수 있는 생각이 없다면 이 현상계가 있다고 느낄 수 없다. 깊은 꿈속에서나 기절했을 때 종을 쳐도 듣지 못하고 금덩어리를 보여줘도 보지 못한다. 오근은 있지만, 생각이 일어나지 않기 때문이다. 그런 경우 이 세상도 없고 그 어떤 걱정도 없다.

이렇게 본다면 과연 내가 태어나기 전에 이 현상계가 있었을까? 없었다. 또 내가 죽고 나서도 이 현상계가 남아 있을까? 이 삼라만상은 내가 없이 스스로는 존재할 수 없기에 그것은 불가능하다.

내가 태어나기 전에도 이 세상이 있었다거나 내가 죽은 후에도 이 세상이 남아 있을 것이라고 하는 것은, 지금 이 순간 살아 있는 내가 그렇게 추측하는 것일 뿐이다.

내 마음과 오근이 없으면 이 세상이 있다는 근거를 찾을 수 없다. 현상계는 나로부터 나왔다. 이 우주는 나로부터 출발한 것이 틀림없다. 그래서 내가 바로 우주인 것이다.

나와 이 세상은 허상이다

나는 누구일까? 이 몸은 내가 아니다. 잠들었을 때 흔들어 깨우면 깨어나는 그것이 있다. 기절한 상태나 잠에서 깰 때 깨어나는 그것이 '나'다. 이것을 불교에서는 '본성' '참자아'라 한다.

그 참자아가 진짜 '나'다. 깊은 잠이 들 때도 우리는 이 본성 위에서 잠이 들고, 기절을 해도 이 위에서 기절하고, 이 현상계가 실재라고 느낄 때도 이 위에서 이 세상을 살아간다.

참자아는 분명히 있는데 볼 수도, 알 수도 없는 깊은 침묵이다. 이것은 전체인 하나로 있다. 그래서 깊은 잠이 들거나 기절을 해도 사라지지 않는다. 그런데 우리는 수시로 그것을 잊어버리고 산다.

눈만 뜨면 저 밖에 있는 나무, 건물, 집, 자동차, 다른 사람들이 보이는데 어떻게 이것들이 실재가 아닐까? 하는 것은 이 육체가 나라는 생각 때문이다. 그래서는 진정 내가 누구인지 모른다.

《금강경》에 "일체유위법(一切有爲法) 여몽환포영(如夢幻泡影)"이라는 구절이 있다. 세상 모든 것들은 꿈이고 환영이며, 물거품이고 그림자와 같다는 것이다.

 눈을 뜨고 보면 내가 실재가 아님을 알게 된다. 내가 실재가 아니면 현상계도 실재가 아니다. 실재가 아닌 내가 바라본 현상계가 실재일 수는 없다. 진정으로 내가 누구인지 알려고 하면 이 현상계가 참자아 위에 나타난 허상임을 깨달아야 한다. 이 세상은 내 생각이 만든 것이다.

 기절했거나 꿈도 꾸지 않는 깊은 잠이 들 때는 아무 생각이 없다. 그래서 현상계가 나타나지 않는다. 깨어 있을 때나 꿈꿀 때는 나라는 생각이 있기 때문에 현상계가 있다. 즉 내가 있을 때 세상이 있다. 내가 사라지면 현상계도 사라진다. 참자아만 있다. 전체인 나만 남는다. 오직 나뿐이다.

이 세상이
꿈과 다르지 않다

 어젯밤 배가 고파서 맛있는 음식을 먹는 꿈을 꿨다. 꿈속에서는 배고픈 고통도 음식을 먹는 것도 실제로 존재했다. 그런데 깨고 나면 그런 고통도 음식을 먹은 적도 없다.

 이 현상계도 꿈과 똑같다. 참자아인 나를 찾고 보면 이 현실이 다 꿈일 뿐이다. 이것을 불교에서 공이라고 한다. 깨어나면 고통스러워도 고통스러웠던 적이 없고, 먹었어도 먹은 적이 없다.

 우리는 깨어 있을 때는 온갖 생각을 한다. '나는 윤회해서 태어난 것인가?' '이 세상은 무엇인가?' '오늘 작업을 어떻게 할까?' 하지만 깊이 잠이 들면 세상 걱정은 고사하고 윤회하는지도 모르고, 나라는 개체조차 인지하지 못한다. 왜 잠 속에서는 그런 것을 모를까?

 깊은 잠 속에서는 육체와 마음이 나라는 생각이 없기에 현상계가 내 눈앞에 나타난 적이 없다. 현상계는 스스로 존재하는 실체가 아니다. 현상계는 개체적인 내 마음이 작동할 때만 나타난다. 그래서 현상계가 나타나지 않는 잠 속에서 나는 걱정 없이 평화롭다.

《화엄경》에 "심여공화사(心如工畵師) 능화제세간(能畵諸世間)"이라는 가르침이 있다. 마음은 그림을 그리는 화가와 같아서 능히 모든 세상일을 그려낸다는 뜻이다. 내 마음이 있어야 우주가 있다. 나밖에 없다. 그래서 세상은 내 마음이 만든 환영이라고 한다.

이런 통찰은 약속된 언어를 넘어서 있다. 그래서 불교에서 나는 누구인가? 물으면 검지를 허공으로 세우거나, 주장자를 들어 보이거나, 코를 비틀어 계합을 유도한다. 언어나 마음길로는 결코 알 수 없는 자리이다. 그 자리는 전체이다.

이 순간 존재함이 기쁨이다

재산이 많아서 아무리 잘 먹고 살아도 오늘 눈을 뜨지 못하면 아무 의미가 없다. 세상이 부러워하는 권력과 명예 역시 오늘 눈 뜨지 못하면 아무 소용이 없다. 40년간 운동으로 지킨 건강함도, 예쁘고 멋진 미모도 오늘 눈 뜨지 못하면 전혀 의미가 없다.

눈은 그냥 떠지는 게 아니다. 우주가 허락해야 눈을 뜬다. 우주가 단 1초도 허락하지 않으면 우린 눈을 못 뜬다. 돈 없고, 실력 없고, 못생겨도 오늘 눈을 뜬다는 것은 기적이다.

"당신은 행복합니까?"
"네."
"왜 행복합니까?"
"돈도 좀 벌어 노후도 준비했고, 자식도 대학 나와 밥벌이 잘하고 건강해서요."

이런 이유도 내가 지금 존재할 때 의미가 있다. 지금 살아 있지 않다면 아무 의미가 없다. 이 순간 내가 존재해야 떠오르는 태양을 보고, 내리는 봄비도 맞고, 새 소리를 듣고, 나비의 날갯짓을 따라가고, 때로는 병에 걸려서 걱정도 하고, 자식과 도란도란 이야기를 나누기도 한다. 이 순간 살아 있는 것, 이 순간 존재하는 것, 이것이 모든 행복의 출발점이다.

 오늘을 산다는 것은 아무것도 아닌 일이 아니다. 정말 위대한 선물이다. 내 존재 자체가 이미 행복이기 때문이다. 이 행복은 돈이 없어도, 지식이 없어도, 몸이 아파도, 얼굴이 못생겨도 얼마든지 가능하다. 키가 작아도, 무식해도, 늙어도 얼마든지 가능하다.
 이 우주가 깜빡 잊고 오늘을 허락하지 않으면 우리는 눈을 뜨지 못한다. 더 많은 물질이나 건강, 권력을 가져야 행복하다는 것은 잘못된 생각이다. 이 순간 존재하는 것 외에 부가적인 조건이 없다. 이 순간 존재함이 기쁨이고 축복이다.

나는 언제나 깨달아 있다

　나는 존재한다. 우리는 스스로 존재하고 있는 줄 다 알고 있다. 그런데 지금 내가 살아 있고 존재하는 이것이 우리가 그토록 찾고자 하는 본성이고 참자아인 줄을 모른다.

　아픔을 느끼거나 기쁨을 느끼는 것은 내가 이렇게 존재하기 때문이다. 이 존재함이 배경이 되지 않으면 그 무엇도 일어나지 않는다. 아름다운 꽃을 보는 일도, 구구절절한 사연이 생기는 것도 우선 내가 존재해야 가능하다.

　우리는 그 본성을 늘 써왔고, 같이 있다. 그 본성, 존재는 눈으로 보거나 귀로 듣거나 냄새 맡거나 하는 감각기관의 바탕에 항상 깔려 있다.

　잠을 자려고 눈을 감고 있어도 어쨌든 내가 존재하니까 온갖 사물이 나타난다. 캄캄한 중에도 희미한 물체를 보는 그것이 '나'다. 캄캄하다는 것을 인지하고 있는 그것이 '나'다. 나한테서 한 번도 떨어지지 않은 '나'가 항상 같이 있다.

　본성은 언제나 내가 잠이 들어도 기절해도 있다. 그런데 우리는 "얼굴이 아름답다." "날씨가 좋다." "친구가 싫다." 하는 에고를 나와 동일시하고, 본성을 잊어버린다. 그 에고는 내가 존재하고 있어야 나타난다. 존재하는 그것이 바로 본성이다. 그것이 진짜 '나'다. 그러나 이것은 내 몸 안에 갇혀 있는 개체가 아니고 우주 전체이다.

내가 지금 존재한다는 것, 이것이 나의 실체이고 진리이다. 이것 위에 '오래 살아야지.' '잘 살아야지.' '자식을 잘 키워야지.' 하는 생각이 붙는다. 그러한 생각들이 일어나기 전에 언제나 나는 존재하고 있다.

'나'는 찾아야 할 대상이 아니다. 그냥 눈을 감고 가만히 있어 보라. 그대로가 바로 '나'다.

옛 선사들은 한결같이 밖으로 향하는 생각을 내면으로 돌려야 한다고 말해왔다. 왜냐하면 우리가 늘 나와 함께 있는 이것이 나인 줄 모르고 다른 어딘가에 따로 내가 있다고 생각하기 때문이다. 우리는 한순간도 깨닫지 못한 상태가 아니다. 언제나 깨달아 있고 본성의 상태 그대로이다.

나와 동떨어진
개체는 없다

 우리는 너무도 오랜 시간에 걸쳐 이 육체를 나라고 여기며 눈에 보이는 것이 전부라고 생각해 왔다. 따라서 육체가 내가 아니라고 말하면 믿을 수 없다. 정말 이 육체는 내가 아니다. 그러면 나는 어디에 있을까?

 꿈도 꾸지 않는 깊은 잠이 들면 육체도, 세상도, 태양도 없었지만 나는 존재했다. 내가 존재한다는 생각이 들 때 우리는 이 육체를 나라고 여긴다. 그럴 때 세상이 보인다.

 세상은 눈으로 보지만 눈이 보는 것이 아니다. 근원적으로 존재하는 그것에 의해서 본다. 그것이 없으면 눈이 있어도 보지 못하고, 코가 있어도 냄새를 맡지 못하고, 입이 있어도 맛을 모른다. 사람들은 눈으로 보고, 귀로 듣고, 혀로 맛보는 것을 실재로 여기지만 그 모든 것은 참자아의 영역이다. 참자아가 없으면 볼 수도, 들을 수도, 맛을 알 수도 없다. 그래서 부처님은 《반야심경》에서 오온이 실재가 아니다, 공하다고 하셨다.

 "나는 누구인가?" 하고 물으면 우리는 눈에 보이는 것을 찾지만 근원적인 참자아는 눈으로 볼 수 없다. 눈을 감고 '지금 내가 존재하는구나!'라고 느끼는 그것이 참자아이다. 그것만이 유일한 나다.

  지금 눈으로 삼라만상을 보고 있지만 내 눈에 보이는 것은 참자아 말고 다른 것은 없다. 보는 자도 참자아, 눈에 보이는 것도 참자아뿐이다. 이 현상계는 참자아의 나타남이다. 불교에서 "이것밖에 없다." "오직 하나"라는 말이 바로 이 말이다.

  내가 존재함이 곧 나다. 이것이 진리이다. 스스로가 존재한다고 느끼는 것, 그것이 나다. 눈을 감고 가만히 있어도 내가 존재한다. 나와 동떨어진 개체는 없다. 우주 전체는 나의 나타남이다.

지금 이대로가 해탈이다

불교에서는 모든 고뇌와 속박을 벗어나는 해탈을 말한다. 우리가 느끼는 고뇌와 속박이라는 것도 사실 실체가 없는 환(幻)이다. 우리는 이미 해탈의 상태에 있다.

뜻대로 되지 않는 이 현실에 속박되어 있다고 여기기 때문에 우리는 온갖 방법을 써서 벗어나려고 발버둥을 치며 살아간다. 우리는 지금 이대로 깨달아 있으며 해탈의 상태로 현존하고 있다는 것을 다만 모를 뿐이다.

'지금 이대로가 완전한 그대로구나!' 지금 바로 내가 나를 놓기만 하면 이것을 깨닫는다. 하지만 스스로 자신을 가두어 놓고 이 육체와 마음이 실재이며, 바라보는 이 현상계가 실재라고 여긴다.

모두 내가 만든 생각이다. 지금 살고 있는 이 현상계 역시 내가 만든 생각이다. 행복과 불행, 기쁨과 슬픔 등도 참자아에서 한 생각이 일어나서 만들어 낸 마음이다.

세상이 만들어져 끝없이 굴러가는 중에 내가 태어나고 내가 죽어갈 것이라는 생각은 옳지 않다. 내가 지금 살아 있을 때 가지고 있는 생각이다. 내가 재산 백억이 있어도 마찬가지이다. 내가 죽는 순간에 백억은 남아 있지 않다. 내가 존재할 때까지만 있다. 이것이 진실이다.

지금 이 순간 나는 존재하고 있다. 정말 아무런 조건 없이 존재하고 있다. 나는 순수하게 존재하는 그 자체다.

잠이 들어도, 잠에서 깨어나서도, 꿈속에서도 언제나 나는 존재하고 있다. 잠이 들면 육체가 나라는 생각이 없다. 생각이 멈출 때는 그 어떤 걱정, 근심도 없다. 그것이 나의 본래 모습이다. 그러다가 잠이 깨면 그 존재 자체에서 한 생각이 일어나서 "내가 존재한다!" "이 육체가 나다." "이 마음이 나다." "이 현상계가 나다."라고 한다.

이 육체와 마음이 나라고 생각하면 끝도 없이 나고 죽고 나고 죽고 하는 윤회를 반복할 뿐이다. 참자아의 입장에서 보면 나는 한 번도 나고 죽은 적이 없다. 이 공부를 통해 내 근원적인 존재가 누구인지를 알면 윤회의 수레바퀴에서 벗어날 수 있다. 또한 모든 고뇌와 속박도 내가 한 생각 일으켜서 빚어낸 마음이었음을 분명히 안다.

나는 이 육체가 아니며 전체이다. 우리가 명상을 하면서 마음을 가라앉히면 편안하다고 한다. 절에 가서 참선하면 편안하다고 한다. 물어보라. 그 편안함을 느끼는 그가 정말 누구인가?

참나는 공이다

 수행이란 나를 찾는 공부를 하는 것이다. 우리는 내가 이렇게 버젓이 있는데도 나를 모르겠다고 한다. 참나, 본성을 아는 것은 내가 다르게 변하는 것이 아니다.
 이 순간 이렇게 살아 있고 존재하는 이것이 바로 우리가 찾고자 하는 진짜 나인 본성이다. 지금 이대로가 참나인데 우리가 단지 모르고 있을 뿐이다. 마음을 딴 데 두고 있어서 이것은 내가 아니라고 생각하기 때문이다.
 깨달음이라는 것은 내가 열심히 노력해야 가질 수 있는, 먼 미래에 있는 무엇이 아니다. 지금 말하는 에고인 이것이 참나, 본성의 나타남이라는 것을 아는 것이다.

 참나는 멀리 동떨어진 나가 아니라 이대로이다. 자신감 없고 열등감 많은 지금 나, 이대로가 참나다.
 단지 참나는 지금의 이 육체와 마음, 현상계가 모두 나타나지 않은 상태이다. 더위도 추위도, 비가 와서 홍수가 나는 걱정도 모두가 없는 그 상태가 나의 본래 상태이다. 죽은 것이 아니다. 이 참나의 상태는 내가 태어나기 전에도 있었고, 존재하는 지금도 그대로 있고, 내가 죽어도 그대로 있다.

그래서 앞선 선사들은 "꿈을 꾸고 있는 중에는 없다 할 수 없고, 꿈을 깨고 난 뒤에는 있다 할 수 없다."라고 했다. 없다고 하려니 꿈을 꾸는 동안에는 진짜이고, 있다고 하려니 꿈을 깨면 가짜라는 것이다.

지금 이 육체와 마음이 나라는 생각이 들 때는 눈앞에 보이는 모든 것이 실재이고, 지금 들리는 매미 소리도 실재이다. 하지만 참나인 상태에서는 이 현상계는 물론 매미도 나도 없고, 육체도 없다. 있다고 하려니 없고, 없다고 하려니 이렇게 있다는 것이다. 불교에서는 이것을 '공(空)'이라 한다. 공(空)은 있는 것도 아니고 없는 것도 아닌 것이다.

부처의 천상천하 유아독존이라는 말씀은 깨닫고 나야 정확한 뜻을 알 수 있다. 안으로 들어가 나에게 몰입하라. 알고자 하지 않으면 영원히 알지 못한다. 알고자 하는 자만이 그것을 알 수 있다.

내가 존재함은 축복이다

우리가 기절을 하거나 꿈도 없는 깊은 잠을 잘 때는 눈, 귀, 코, 입, 손, 발이 다 있어도 이 세상을 알지 못하고, 걱정 근심도 없고, 추운지 더운지도 관심이 없다. 나는 존재하고 있지만 아무 생각이 없다는 것은 나를 움직이게 하는 실체가 따로 있다는 것이다.

또 성질이 급하거나, 겁이 많거나, 무서움을 잘 타거나, 화를 내거나 하는 온갖 반응도 마찬가지이다. 내 몸은 스스로 생각하고 반응할 수 없다. 모두 본성에서 한 생각이 일어난 작용일 뿐이다. 나의 실체는 바로 본성이다. 본성에서 한 생각이 일어나 아침에 눈을 뜨고 하루를 살아간다. 나의 이 육체는 그저 나무토막과 같을 뿐이다.

해운대 백사장에서 인어를 조각했다면 그 인어는 모래의 나타남이다. 그런데 이 모래를 빼고 인어가 나라고 하면 틀린 것이다. 이처럼 눈에 보이는 이 육체가 나라고 하는 것은 틀린 것이다. 바탕인 나를 빼고 눈에 보이는 육체만 나라고 생각하는 착각에 빠진 것이다.

　그렇다면 이 육체는 가짜이고 근원인 본성만이 중요한 것일까? 그렇지 않다. 육체가 없으면 떠오르는 태양을 볼 수 없고 장미꽃 향기도 맡을 수 없다. 즉, 육체가 있어야 매운 떡볶이도 먹고, 악수도 하고, 바람 소리를 들을 수 있다. 그래서 알고 보면 이 육체가 대단한 것이다. 이 육체가 없으면 나의 실체인 본성을 절대 찾을 수 없다.

　물론 나를 찾기 전에는 이 육체가 아무것도 아닌 것처럼 생각해야 한다. 하지만 본성을 찾고 보면 이 육체 또한 영원한 생명력인 본성의 나타남이라는 것을 알 수 있다.

　진정한 나는 모든 것을 나타나도록 한 뒷배경인 본성이다. 뒷배경인 그 나가 이 세상을 만들었고, 나도 만들었고, 다른 사람들도 창조했다. 내가 우주의 주인이다. 내가 바로 신이다.

　우리는 스스로가 얼마나 대단하고 경이로운 존재인지 알지 못한다. 대부분의 사람들은 자신이 남보다 경제력이 없고, 지위가 낮고, 공부를 못하는 초라한 모습을 갖고 있다고 착각한다. 전부 내 생각일 뿐이다.

　나란 존재가 정말 놀라운 기적임을 알아가는 것이 마음공부이다. 이 순간 존재하며 저 떠오르는 태양을 보고 설중매를 보는 것은 축복이다. 우린 매일매일 기적 속에서 살아가고 있다.

모든 것을 받아들일 때
고통에서 벗어난다

지금 눈을 떠서 육체와 마음이 나라는 생각이 드는 순간 필연적으로 일어날 일들은 모두 순서에 맞게 진행된다. 깨달음의 관점에서 볼 때 우연이란 존재하지 않는다. 일어나야 할 일은 반드시 일어나고, 일어나지 않아야 할 일은 아무리 노력해도 일어나지 않는다.

이 우주는 언제나 균형을 맞추려고 하기에 좋은 일이 있으면 나쁜 일이 있고, 큰 것이 있으면 작은 것이 있고, 긴 것이 있으면 짧은 것이 있다. 이 이치를 알면 자신에게 일어나는 모든 일들을 받아들일 수 있다.

계절이 바뀌듯 사람은 태어나고 늙고 병들고 죽는다. 자신의 의지로 이 고통을 피할 수 있는 사람은 아무도 없다. 일어나야 할 일들은 반드시 일어나기 때문에 그것을 받아들이느냐? 받아들이지 않느냐? 하는 선택은 오직 자신의 마음에 달려 있다.

눈송이가 바람에 날려서 나뭇가지에 부딪혀 떨어져도 그 하나하나가 반드시 떨어져야 할 자리에 떨어진다. 절대 다른 곳에 떨어지지 않는다. 살면서 일어나는 모든 일은 일어나야 할 일이기 때문에 정확하게 제자리를 찾아온다.

그렇다면 우주적인 관점에서 일어나야 할 일만 일어나는데, 인간은 왜 고통스러울까? 그것을 거부하기 때문이다. 자신에게 일어나는 일들을 내 몫으로 받아들이지 못하기 때문이다.

지금 자신이 겪는 고통에서 벗어나는 방법은 간단하다. 믿을 수 없지만 젊음이 사라지고, 건강에 이상이 오고, 갑자기 슬픈 일이 닥치더라도 지금 자신에게 일어나는 일들을 거부하지 않는 것이다. 다만 육체나 현상계에 일어나는 모든 일들을 그대로 받아들이되 단지 그 생각에 빠지지 않으면 된다.

다가오는 모든 일은 언제나 우주적 진리이다. 습이 있어서 잠깐 걱정하지만 그렇게 받아들일 때 우리는 고통으로부터 자유로워진다.

우주는 나를 위해 맞추어졌다

나를 위해 이 우주가 돌아가고 있다면 믿을 수 있을까?

나는 대단한 사람이 아닌데 배가 고파 식당에 가면 마치 나를 기다렸다는 듯이 맛있는 요리가 나온다. 물론 식당이 영업하는 곳이지만 나를 위해서 주인은 아침부터 분주했을 것이다.

퇴근하고 정류장에 가면 나를 집까지 데려다 줄 버스가 시간에 맞춰 달려온다. '버스가 지나가니까 내가 탔지.' 이렇게 생각하면 안 된다. 이 현상계는 나를 위해 맞춰져 있다.

벌목꾼이 때가 되면 열대우림의 나무를 자르고 배로 실어 이 땅으로 보내준다. 그러면 10년 전부터 실력을 연마한 목수가 열심히 가구를 만들어서 내가 필요한 시간에 가구를 내놓는다.

옷을 사는 일도 그렇다. 미리 기계를 돌리고 디자인한 천으로 숙련된 재단사가 옷을 만들어 쇼핑몰에 걸어놓는다. 그럼 내가 가서 사 입으면 된다.

필요할 때 손만 들면 택시는 준비되어 있어서 나를 싣고 목적지까지 데려다준다. 내일 사우나를 가겠다 하면 주인은 새벽부터 물을 데워서 준비를 끝마친다. 밥을 먹겠다 하면 일주일 전부터 어부는 바다에서 고기를 잡고, 채소를 키운 농부는 새벽부터 그것을 싣고 온다. 모든 게 순조롭게 진행되니 내가 지금 맛있는 식탁을 차릴 수 있다.

오래전부터 에티오피아 사람들이 커피나무를 기르고 열매를 따서 실어 보내주는 수고를 아끼지 않았다. 그 덕분에 오늘 이 순간 우리가 풍미 가득한 커피를 마실 수 있다. 운동화를 사러 가면 마침 베트남 고무나무로 만든 새 신발이 준비돼 있다. 그리고 올해 시청은 특별예산을 들여서 내 집으로 오는 진입로를 아스팔트 포장으로 단장했다. 이 우주는 오로지 나를 위해 맞춰져 있다.

그런데 단순히 돈만 주면 식당에 가고, 택시를 타고, 사우나를 갈 수 있는 것이 아니다. 현상계의 본질에서 볼 때 쌀이 제 모가지를 내주지 않으면 식당은 문을 열 수가 없다. 또 이 우주가 택시를 운행하지 않으면 탈 수가 없고, 물 공급이 어려우면 사우나 영업도 불가능하다. 내가 가진 돈은 아무 의미가 없다.

우리는 그냥 살아가니까 살아가고, 먹으니까 먹는다고 말한다. 그렇게 생각하기 때문에 사물의 본질을 보지 못하고 아직 나를 찾지 못했다. 이 우주의 중심이 돈 많고 권력 있는 사람한테 맞춰져 있는 것 같지만 사실은 아니다.

이 우주는 나를 위해 맞춰져 있다. 이 우주는 나를 위해 계획되어 돌아가고 있음이 분명하다. 이렇게 나는 이 세상에서 아무것도 아닌 존재가 아니다. 나는 위대한 존재이다. 이것을 알면 내게 힘든 일이 있어도, 돈이 부족해도 지금 이 순간 존재하는 것이 제일 큰 행복이라는 것을 알게 된다.

"너의 소원이 무엇이냐?"
"지금 당신이 그 햇볕을 가리지 않는 것이오."

이것은 알렉산더 대왕과 그리스의 철학자 디오게네스의 유명한 대화이다. 나무통 속에서 노숙자로 살고 있는 그의 소원은 돈도, 명예도, 권력도 아니었다. 지금 이 순간 이대로가 완전한 행복이니 방해하지 말라는 것이었다.

내가 이 세상에 존재하는 것, 이것보다 더 큰 축복은 없다. 흐르는 강물이 아무 대가도 바라지 않고 그냥 흐르고 있다. 우린 목이 마르면 그것을 떠서 먹으면 된다. 우주는 나를 위해 한 치의 어긋남이 없이 모든 것을 준비해 놓는다. 그 이상의 행복이 있을까?

지금 이대로가
완전한 행복이다

　우리의 본성은 눈처럼 맑고 깨끗하다. 더럽혀진 적이 없다. 단지 스스로 모를 뿐이다. 우리는 지금 이대로가 완전한데 늘 부족해하고 불행해한다.

　옛날 어떤 스님이 봄을 찾아 나섰다. 산골짜기로 들판으로 신발이 다 닳도록 종일 헤매다니다 집으로 돌아와 보니, 마당에 만발한 매화 향기에 이미 봄이 한창이었다. 이처럼 지금 이대로가 더할 나위 없이 행복한 시절이라는 것을 모른 채 우리는 늘 한눈을 팔며 살고 있다.

　세상은 남보다 재물이 더 많이 가져야 행복하고, 명예나 지위가 높아야 성공한 삶이라고 가르친다. 오랜 시간 그렇게 세뇌를 당하면서 우리는 한 번도 그것이 틀렸음을 의심하지 않고 살아왔다. 끊임없이 남들과 비교하는 이 사회에서 과연 행복한 사람이 몇이나 있을까? 남보다 더 많이 가질수록 더 행복해진다는 것은 착각이다.

　지금 이대로 우린 너무 많은 것을 가지고 있다. 그런데 늘 부족하고 불행하다고 생각한다. 지금 존재하는 이대로가 완전한 행복임을 알아야 한다.

창밖에 함박눈이 내린다. 만약 두 눈이 없어 저 아름다운 눈을 보지 못한다면 얼마나 불행할까? 내가 존재해야 아내나 자식이 살아가는 모습도 볼 수 있다. 슬픈 일을 당하더라도 내가 지금 존재하지 않으면 슬픈 일 자체가 없다.

눈 뜬 오늘이 내 생애 첫날이다. 처음 맞이하는 첫 세상이다. 눈 내리는 이 세상을 내가 창조했다. 떠오르는 저 태양도 푸른 바다도 내가 만든 것이다. 내가 만든 세상이다. 나는 창조주이고 신이다. 내 존재 자체가 얼마나 위대한지 우리는 까맣게 잊고 산다.

마음공부는 지금 이대로의 모습으로 행복을 누리며 살아갈 수 있도록 의식을 변화시킨다. 내가 생각해 온 행복이 무엇인지, 고통이 무엇인지 돌아봐야 한다. 이 세상은 늘 우리의 자존감을 낮춘다. 끊임없이 열등감을 주고 경쟁의식을 부추겨 헐떡거리며 살게 한다. 세상의 잣대에 세뇌당하며 불행해지는 삶은 이제 그쳐야 한다.

이 순간 존재함이 더없는 축복이고 선물이다. 지금 내가 존재하기 때문에 저 눈이 내린다. 내가 존재하기에 봄이 오고, 꽃이 피고, 새가 운다. 고요한 내 존재의 당당함을 알면 그동안 얼마나 어리석었는지 알게 된다.

나는
위대한 존재입니다

　내가 없는데 꽃을 본 적이 있는가? 언제나 내가 있어야 꽃을 본다. 잠이 들었거나 기절해도 나는 그대로 있는데 세상을 보지 못한다. 언제나 눈을 떠서 내가 있다 할 때 세상이 보인다. 그러면 이 세상은 나 때문에 있는 것이다.
　내가 없으면 부처도 있을 수 없다. 내가 있어야 예수도 있고 공자도 있다. 내가 있어야 재벌도 있고 유명한 연예인도 있다. 앞에 놓인 이 컵도 내가 없으면 눈앞에 있을 수 없다. 나로 인해 이 컵이 있다.
　'아, 이것이 나 때문에 있네!'
　이렇게 생각하는 것이 깨달음으로 가는 길이다. 우리는 지금 보이는 대상이 나보다 먼저 있었다고 생각하지만 그렇지 않다. 주체인 내가 없이 개별적인 대상이 먼저 있다는 것을 증명할 수 없다.
　이 세상은 실재가 아니고 내 생각으로 만든 세상이다. 내 몸도 내 생각이다. 모든 것이 다 생각의 나타남이다. 오직 하나인 내 마음의 나타남이다. 앞에 놓인 이 주전자도 나의 나타남이다. 내 눈의 나타남이다. 천둥소리에는 내 귀가 들어 있다. 내 귀가 없으면 듣지 못한다. 눈앞에 있는 너른 우주는 나로부터 출발했다.

그러면 이 마음이 도대체 무엇일까? 마음은 육체와 본성의 중간에 있다. 이 마음이 육체에 붙으면 에고이고 본성에 붙으면 본성, 참자아, 참나가 된다. 세상에 나밖에 없다는 것은 이 본성을 두고 하는 말이다. 나의 본래 상태는 개체성이 없다. 여자와 남자의 구분도 없고, 몇 살이라는 나이도 없고, 직업이라는 것도 없다.

그런데 마음이 육체에 붙으면 나라는 개체성이 드러난다. 지금 기쁘다, 슬프다, 좋다는 마음은 육체가 나라고 하기 때문에 나타나는 에고의 마음이다. 에고는 잠들거나 기절하면 없고 지금 깨어나서 내가 존재한다는 생각이 들 때만 있는 가짜 마음, 임시의 마음이다. 잠들거나 기절했을 때도 나는 있었다. 다만, 그때는 나라는 생각이 없어서 좋다, 밉다는 마음이 일어나지 않았다. 세상도 보지 못했다.

우리는 지금 있는 이 육체와 마음이 나인 줄 안다. 이것은 가짜이다. 그런데 이 가짜는 참나 없이는 활동할 수 없다. 가짜의 나라도 참나의 나타남이니 결국은 참나다. 이 자리를 알게 되면 이 가짜의 나가 참나가 된다.

이 세상은 참나밖에 없다. 오직 나밖에 없다는 말이다. 하나님도 신(神)도 내가 없으면 없다. 깨닫고 나면 내가 얼마나 위대한 존재인지를 알게 된다.

나를 찾아가는 CCTV 명상법

 우리는 많은 사람과 소통하며 살아간다. 그러다 보면 거울 속의 나를 보듯 상대방의 부족한 점, 고쳐야 할 점이 금방 눈에 들어온다. 그러나 정작 자신이 고쳐야 할 것이 무엇인지는 잘 모른다. 나는 나를 모르기 때문이다.

 그렇다면 내가 남의 시선으로 나를 바라보면 바꿀 수 있지 않을까? 3m쯤 떨어진 거리에 CCTV가 있어서 나를 관찰하고 있다고 생각을 해보자. 그 CCTV 자리에서 나를 바라보는 것이다. 스스로 CCTV가 되어 내가 밥 먹는 것을 보고, 일하는 모습과 짜증 내는 것도 보고, 싸우는 것도 보는 것이다. 이것이 CCTV 명상법이다.

 CCTV 명상법은 호흡에 주의를 기울이는 마음 챙김이나 하나의 대상에 집중하여 마음을 고정하는 방법과는 다르다. 또 걷기나 선 명상과도 다르다. 이것은 시간과 공간의 제약 없이 바로 적용할 수 있는 간편한 명상법이다. 아무런 조건이 없다. 그냥 자신이 CCTV가 되었다고 가정만 하면 된다.

물론 처음에는 서툴러서 잘되지 않는다. 반복해 연습하다 보면 스스로 내 행동을 살펴보는 주시자가 되어 자신을 관찰할 수 있다. 그러면 '외롭구나.' '두렵구나.' '불안하구나.' '평온하구나.' 하는 내면을 직시하고 문제는 무엇이며, 이를 어떻게 해결할지 찾아갈 수 있다.

CCTV 명상법은 제3자의 시선으로 자신을 관찰하는 명상법이다. 이것은 자신을 객관화하여 성찰하는 능력을 길러준다. 외부 시점에서 자신을 판단한다는 것이 쉬운 일이 아니다. 우리는 가까운 지인들을 통해 자신이 어떤 사람인지 조언을 구하기도 하지만 가끔은 기분이 언짢으면서 오해가 발생하기도 한다. 그러나 CCTV 명상법은 내가 관찰자가 되어 나를 이해하는 방법이기에 그런 오해의 소지가 없.

지금까지 나를 찾고자 했는데도 나를 찾지 못한 이유는 내 기존의 방식이 틀렸기 때문이다. 마음공부가 별다른 진전이 없었다면 CCTV 명상법을 시도해 보라. 한 걸음 물러나서 제3자의 눈으로 자신을 보면 나를 직면하는 데 도움이 될 것이다.

현대인에게 맞는 화두 "나는 우주의 시작이요, 끝이며 중심이다"

　불교에는 조사 스님들이 제자들을 위해 남긴 1700 공안, 화두가 있다. 나를 찾는 가장 빠른 길을 제시한 수행법이다. 오랫동안 공부인들은 이 화두를 들고 밤낮으로 참구하며 나를 찾아왔다. 빨리 풀면 사흘이나 일주일 만에 풀고, 오래 걸리면 30년 지나도 풀기 어려운 것이 화두이다.
　"달마대사가 서쪽에서 오신 뜻이 무엇입니까?"
　"뜰 앞에 잣나무(庭前栢樹子)이니라."
　조주 스님의 이 화두 역시 아무리 탐구해도 더 나아가지 않는다. 풀 수가 없다. 모든 화두는 그 자체에 아무런 뜻이 없다.
　일반인들에게는 깊은 의심을 통해 정신을 극도로 집중시켜 깨달음을 얻는 이 화두 수행이 쉽지 않다. 그래서 우리는 종교적 수련회나 명상을 통해 자신의 마음을 비우고 싶어 한다.
　하지만 세상은 숨 가쁘게 변해가고 물질은 인간의 정신을 지배한 지 오래다. 따로 한가롭게 시간을 내어 화두 참구를 하려면 많은 어려움이 따른다. 화두는 일념으로 간절히 참구하는 것이 관건이다. 어디서 무엇을 하든 가슴 깊은 곳에서 저절로 간단없이 솟구치는 간절함이야말로 나를 찾는 지름길이다.

이에 쉽고 참구하기 좋은, 현대인에게 맞는 화두 하나를 제시하고자 한다.

"나는 우주의 시작이요, 끝이며 중심이다."

이것은 기존 불교에서 사용하는 화두가 아니다. 본인이 사십 대 초반에 우주와 합일하여 얻은 깨달음이다. 이를 새겨들은 많은 사람들이 깨어났고 앞으로도 지친 현대인들에게 따뜻한 위로를 듬뿍 건네줄 것이다.

이 화두는 나는 누구인가에 대한 답이다. 내 존재함의 중요한 메시지를 담고 있는 이 화두는 아주 쉽다. 생각이 날 때마다 따로 조용한 곳을 찾아 집중할 필요 없이 일상에서 늘 되새기다 보면 어느 순간 마음이 툭 트여 전체가 나임을 체득할 수 있다.

내가 우주의 시작이면 미운 사람도 나다. 사랑하는 사람도 나 자신이다. 고통도, 행복도 나 자신이고 그러면 이 세상을 바라보는 관점이 달라진다. 그렇게 될 때 보잘것없고 아무것도 아니라고 생각했던 이 삶이 절로 당당해지면서 나를 둘러싼 위축감이나 열등감이 쑥 물러간다.

지금 이 순간 내가 존재해야 산에 핀 함박꽃이며, 복숭아꽃이며, 진달래를 볼 수 있다. 또한 내가 존재해야 아들이 온다 간다, 집이 넓다 좁다, 누군가 밉다 사랑한다 등의 온갖 생각을 펼칠 수 있다. 공자가 위대하고 장자가 위대하다는 것도 내가 있어야 그 말을 할 수 있다.

부처님이 아무리 연기법을 말해도 중요한 것은 내가 없이는 아무 의미가 없다. 그것이 아무리 진리라 해도 그 법을 알 수 있는 내가 있어야 한다. 내가 먼저 있고 그다음 부처님 연기법을 말해야 한다. 무슨 과대망상이냐고 할지 모르겠으나 우주의 중심에 나를 두어야 깨달음을 얻는다.

내가 없이는 이 세상이 없다. 궁극으로 말하면 이 세상 모든 것의 출발이 나라는 것이다. 내가 이 우주의 시작이고, 이 세상의 시작이다. 그래서 이 세상은 나, 본성의 나타남인 것이다. 나의 소멸이 이 우주의 소멸이다.

지금 이 순간 존재함이 기적임을 알고 자신 있게 살아갈 때 그 무엇에도 걸림이 없다. 당당한 나를 찾고자 하면 언제나 중심에 나를 두어야 한다. 이 우주엔 나밖에 없다. 나는 우주 전체이다.

태화강 물은 한 번도
흐른 적이 없다

초판 1쇄 발행 2025. 4. 21.

엮은이 박은경
펴낸이 김병호
펴낸곳 주식회사 바른북스

편집진행 박하연
디자인 양헌경

등록 2019년 4월 3일 제2019-000040호
주소 서울시 성동구 연무장5길 9-16, 301호 (성수동2가, 블루스톤타워)
대표전화 070-7857-9719 | **경영지원** 02-3409-9719 | **팩스** 070-7610-9820

•바른북스는 여러분의 다양한 아이디어와 원고 투고를 설레는 마음으로 기다리고 있습니다.
이메일 barunbooks21@naver.com | **원고투고** barunbooks21@naver.com
홈페이지 www.barunbooks.com | **공식 블로그** blog.naver.com/barunbooks7
공식 포스트 post.naver.com/barunbooks7 | **페이스북** facebook.com/barunbooks7

ⓒ 박은경, 2025
ISBN 979-11-7263-323-3 03220

•파본이나 잘못된 책은 구입하신 곳에서 교환해드립니다.
•이 책은 저작권법에 따라 보호를 받는 저작물이므로 무단전재 및 복제를 금지하며,
이 책 내용의 전부 및 일부를 이용하려면 반드시 저작권자와 도서출판 바른북스의 서면동의를 받아야 합니다.